汉代天下
徐州楚韵

『文物中的文明密码』丛书

谭 平 史 永 李晓军 主编

温雅棣 张 茜 杨晨悦 蒋 悦 著

陈 颖 插画绘制

商务印书馆
The Commercial Press

图书在版编目（CIP）数据

汉代天下：徐州楚韵 / 谭平, 史永, 李晓军主编；温雅棣等著. — 北京：商务印书馆, 2024
（"文物中的文明密码"丛书）
ISBN 978 - 7 - 100 - 22810 - 7

Ⅰ. ①汉… Ⅱ. ①谭… ②史… ③李… ④温… Ⅲ. ①历史文物 — 研究 — 徐州 — 汉代 Ⅳ. ①K872.533.4

中国国家版本馆 CIP 数据核字（2023）第155491号

汉 代 天 下
徐州楚韵

谭 平 史 永 李晓军 主编
温雅棣 等著

商 务 印 书 馆 出 版
（北京王府井大街36号 邮政编码 100710）
商 务 印 书 馆 发 行
北京盛通印刷股份有限公司印刷
ISBN 978 - 7 - 100 - 22810 - 7

2024年6月第1版 开本 710×1000 1/16
2024年6月第1次印刷 印张 14¼

定价：138.00元

主　　编：谭　平　史　永　李晓军

编　　委：刘　惠　罗利君　黄豫民　杜益华

　　　　　朱　浒　盛　夏

图片拍摄：胡　娟　徐　婕　余　磊　周小园

序 言

　　千秋风云已逝，那个曾在中国历史上赫赫有名的汉代究竟是什么样的呢？是"秦时明月汉时关"开拓疆土的威武豪迈，是"谩有长书忧汉室"人杰辈出的名臣良将，是"隆上都而观万国"的王室宫殿、冠阙煌煌，还是"汉家陵阙起秋风，禾黍满关中"的轻徭薄赋、百姓兴旺？两千多年前开创汉王朝的汉高祖刘邦可能都不会想到，他们所处的朝代为后世留下了如此恢宏灿烂的物质文化遗产和如此深远的精神影响！

　　西安、洛阳等王都重地，徐州楚王、中山王、海昏侯、江都王、长沙王、南越王等大小藩王之所，西域、敦煌和长城地带等贸易和防守要塞，从方方面面、各种角度精彩纷呈地展现了"汉代天下"的博大精深、浩瀚无垠，体现了中华民族各地区早期文化"满天星斗"和"复杂文化共同体"的内涵。汉代汲取和传承了各种早期中国文化的精髓，"求统一、尚和合、爱国家、重民生、讲仁义、举法治、行友善、守信用、图创新"这些文化"传承"是闪光点，也是魅力所在。

　　而在更广域的空间内来看，欧亚大陆在两汉时期发生了翻天覆地的变化，各区域文明的联结和交流空前频繁：草原上，匈奴等游牧民族通过冲突和贸易的方式与汉廷进行着持续而深度的"交融"，草原统治者们对于黄金制品的狂热也深深地影响了汉代权贵的审美；邻近的中亚等地区开始与汉朝发生各种海上和陆上的往来与交流，亚历山大东征带来的希腊化艺术浪潮在汉代艺术史中刻下了深深的烙印，拱形建筑、叙事艺术和金属艺术等都体现了这些融合；日本、朝鲜半岛、东南亚和汉代边疆地区的各民族都从汉代的文化强盛中获益，也都在融合中做出了自身的贡献。而更为遥远的他乡——罗马，在这段时间里也变得空前强盛，东西两大帝国开始通过帕提亚、贵霜等亚洲中部霸主进行着交流和往来，这是欧亚大陆的首次全面"一体化"进程，欧亚大陆上的"融合"给汉代艺术和文化输送了新鲜血液。

徐州是两汉时期的中心区域之一，是当时中国多元文化中现存遗址最富集、藏品最精彩、内涵最丰富的地区之一，拥有国内罕见的丰富汉代文化遗存。徐州汉文化，既包括从徐州走出去的汉高祖刘邦及汉初徐州功臣集团在建汉过程中的历史功绩，他们的政策、理念、诗文、著述等；又包括两汉四百年间发生在徐州的历史事件，以及立足徐州或从徐州走出去的经学家、史学家、文学家的文化创造；更包括从徐州发掘出土的重要汉代遗址墓葬和系列物质文化资料。

2021年徐州汉楚王墓群入选中国"百年百大考古发现"，成为江苏省唯一入选的考古发现。汉代的徐州历经了13代楚王、5代彭城王、4代下邳王，现已发现发掘两汉大型王陵9处19座，中小型汉墓2000余座。徐州出土了大量汉代玉器、汉代青铜器、汉代陶器、汉代兵器，其中出土的汉玉更是在全国汉代玉器中数量最多、质量最高的艺术珍品。徐州博物馆也多次在国内外举办汉代精品文物展览，2012年在英国举办"追寻不朽——中国汉代墓葬精华"展，被《纽约时报》评价为"这是人的一生不容错过的展览"；美国前国务卿基辛格先生曾在参观徐州博物馆后题写"一个拥有如此辉煌历史的国家也必将拥有更加美好的未来"的美好寄语。

商务印书馆将陆续出版的"文物中的文明密码"博物馆通识读物丛书精心选取了一件件各具特色的文物，透过聚光灯下的它们，对中国不同地域汉文化遗存进行解读，以及与当时世界上的各大文明进行比较和关联，让读者去了解一个更加全面的汉代世界观与历史面貌。本丛书是史永、张茜等编写团队联合中国文物交流中心及多家博物馆为青少年和家庭精心设计的文化礼物。

　　汉代之所以如此精彩，正是因为"传承"和"融合"两大主题的交汇。通过阅读本书，希望读者能从传统文化中汲取宝贵的人文精神养分。"读万卷书"的同时，也身体力行地"行万里路"，去追寻书中的文物和遗存，欢迎到徐州探寻汉文化之源！

杜益华

（徐州博物馆社会服务部主任、副研究馆员）

目录

徐州藩王　汉代珍宝

徐州重地　兵家必争

世界之大
四方交融

"跨越千里"的指路明灯

——"赵姬家"铜行灯

《汉书》里的殿宇——明光宫

东汉时期史学家班固在其所著《汉书》和《西都赋》里都曾描述过一座名为"明光宫"的殿宇。书中记载，明光宫于公元前101年的秋天在长安城内建造完成，正是西汉时期赫赫有名的汉武帝刘彻在位期间。自宫殿修建以来，屡屡被众多文人提及，有人说，明光宫位于长乐宫（汉代开国皇帝刘邦在秦朝兴乐宫基础上改建而成的宫殿，现位于陕西省西安市西北郊）后方，并与之相连。也有人说，汉武帝为了求仙人临凡，才特意建造了这座明光宫，他选召十五岁以上二十岁以下燕赵美女两千多人，安置在宫内，作为宫女侍奉左右，年满三十岁的则安排其出嫁。还有人说，曾经有一位名为王商的人被封为成都侯，在一次生病期间经当时在位的汉成帝刘骜（西汉的第十二位皇帝）批准，在明光宫避暑。根据《汉书·王莽传》中记载，初始元年（公元8年），王莽夺取西汉政权建立新朝，将明光宫改为定安馆。

关于这座汉代兴建的明光宫，流传下来的故事还有很多，遗憾的是再也无法看到它真实的模样，只能凭着历史中的文字，在脑海中细细地想象着，描摹出那些独属于它的辉煌。直到考古工作者们在距西安千里之外的徐州发掘出一些文物之后，对明光宫的再次探索才得以重启。

"赵姬家"铜行灯手绘图

徐州出土的"照明工具"

如果不告诉你它的名称，你会认为这是一件什么物品？

徐州博物馆里珍藏着一件汉代文物，圆形平底浅盘，中间竖着一个尖尖的小锥子，还带着一个形似树叶的手柄。把它直立起来会发现在盘子下方有三个如同动物蹄子一样造型的腿。根据考古工作者们的研究推断，这是一件汉代人们用来照明的灯具。

火的使用，给人类的生活带来了翻天覆地的变化。它不仅帮助人类驱赶野兽，结束了人们吃生肉的时代，也给人类带来了黑夜里的光明。人们开始有意识地将火种保存起来，使用树木枝干等材料制作火把或火炬，并逐渐制造出专用于照明的灯具。

若想要点燃这件灯具，需要做哪些准备呢？其中必不可少的就是灯芯和燃料。汉代的灯芯可以称得上是多种多样，有使用灯芯草或植物纤维制作而成的软质灯芯，也有使用麻秸秆、芦苇秆等植物茎秆制作成的硬质灯芯。而燃料既有由鲸油、牛油等动物油脂和蜂蜡等制成的固态燃料，也有从兰香、桐树、芝麻等植物中提炼出来的液态灯油。它们与灯具相互配套、密不可分。

有的学者认为，这些燃料在不同的灯具中有着不同的使用方法，以徐州博物馆收藏的这件灯具为例，就可以搭配两种点燃方式。盘内的这个尖尖的锥子，就是用来固定灯芯的烛钎。当夜幕降临，掌灯者想要点燃这件灯具的时候，便可以将硬质灯芯附于固态燃料上制成烛火，插在这个烛钎上点燃使用。就像现在使用蜡烛那样，当灯油熔化后液体就可以留在浅盘内。当然，汉代的掌灯者也可能在浅盘中放入液态的灯油，把软质灯芯浸在灯油中之后再缠绕固定在烛钎上，灯油通过露出的软质灯芯被吸到顶端，点燃便可以使用。如果是你，在看到这件灯具时，会怎么搭配使用这些灯芯和燃料呢？

有燃料、有灯芯、有容器，才可够称作一盏完整的灯。在全国范围内出土的汉代灯具，不论是从使用功能，还是从造型设计上来看，可谓是百花齐放。河北博物院藏豆形铜灯，造型像极了古代食器陶豆；南京博物院藏"高科技"铜牛灯，解决了因燃烧油脂产生的室内燃烟等问题；还有甘肃省博物馆藏十三盏灯头的树形连枝灯等，它们组成了一幅颇为壮观的汉代灯具画卷。

此时，我们大概能推测出"明光宫"名称中"明光"一词的来源了吧？这么多种灯具照亮宫殿的夜晚，明亮的光芒形成了一种汉代的特色。

反观徐州博物馆馆藏的这件灯具，体型没有那么高大，造型也没有那么华丽，和其他灯具相比，究竟有哪些特别之处呢？让我们把目光聚焦在那个形似树叶的把手上，或许它的出现会让你多一些思考。这个把手不仅方便人们随时拿起灯行走，而且在灯具点燃之后还可以起到隔热的作用。与其他常常被人们固定摆放的

十三盏铜连枝灯手绘图

铜雁足灯　东汉
江苏徐州土山汉墓出土
南京博物院藏

铜牛灯　东汉
江苏徐州睢宁刘楼出土
南京博物院藏

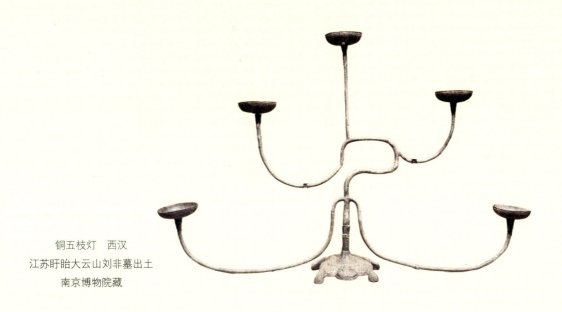

铜五枝灯　西汉
江苏盱眙大云山刘非墓出土
南京博物院藏

"赵姬家"铜行灯　西汉
高9.3厘米，口径11.7厘米
江苏徐州东洞山楚王墓出土
徐州博物馆藏

灯具相比，这盏灯不仅可以用于室内的夜间照明，还能够伴随人们在夜间行走，十分方便。因此，这种灯具也被称为：行灯。

灯主人身份之谜

如果说这件铜行灯的"一灯两用"足以吸引人们的目光，那么将它转个身，呈现的内容相信一定会令你更为惊讶：在灯把手背面赫然篆刻着"赵姬家"三个字。这个赵姬究竟是谁？或许还要从与它一起被发掘出土的文物细细说起。

1982年10月，随着江苏省徐州市东郊石桥村石灰厂开山采石的炮声响起，一座极其特别的汉代夫妻合葬墓被炸开了，考古工作者们在这里发现了一座楚王墓及两座王后的墓室。由于楚王墓中没发现可以证实墓主人身份的物品，所以无法确定他的真实身份，只能暂时以地名将这里称为"徐州石桥汉墓"，直到1996年才更名为东洞山西汉楚王夫妇墓。按照惯例，一位汉代的诸侯王不能同时册立两位王后，那么为什么会有两座王后墓呢？带着这样的想法，考古工作者们根据墓葬修建的完成度发现，这两座王后墓在修建时有明显的前后顺序，第二座王后墓不仅尚未完成，就连陪葬品也极少。也许是第一任王后逝世后，这位楚王才又册立了第二位王后，但是不知道什么原因，墓葬还没有修建完成就突逢变故，匆匆下葬。

而在清理文物的过程中又有了令人震惊的发现！在第一座王后墓中除发现那件带有"赵姬家"铭文的铜行灯之外，还在很多出土器物上发现了跟墓主人身份相关的铭文和信息。在一件铜钟的圈足处和一件鎏金铜盘上分别刻着"明光宫赵姬锺"和"王后家盘"铭文，而另一件铜勺的柄上找到了"明光宫"的字样，除此之外还有大量器物上都刻有与"明光宫"及"赵姬"相关的铭文。

这些文字清楚地告诉我们这些物品出自于汉朝时期那座著名的"明光宫"，主人则为赵姬，而那件刻有"王后家盘"的鎏金铜盘更是说明了这位赵姬是一位身份显贵的王后。看到这里，是不是有很多人会感到疑惑，历史中记载的明光宫

圈足上凿刻铭文
"明光宫赵姬锺"六字

"明光宫赵姬锺"铭铜钟　西汉
高43厘米，腹径36厘米，口径16.5厘米，足径21厘米
江苏徐州东洞山楚王墓出土
徐州博物馆藏

不是位于古代的长安（现陕西西安）吗？为何那里的物品会出现在千里之外的江苏徐州呢？这位赵姬又是什么人呢？

还记得在开篇时我们所看到的那些记载么？曾有人提及，汉武帝在建造了这座明光宫后，曾征选了许多十五岁以上二十岁以下的燕赵美女进宫，成为宫女，年满三十岁的就会安排其出嫁。中央皇室为了安抚各地藩王，常常会将公主或宫女赐给诸侯们，吕太后就曾经将宫女窦姬赐给代王刘恒，后来刘恒继位成为汉文帝之后，窦姬则成了皇后。根据这些惯例推测，也许徐州东洞山埋葬的这位赵姬曾经是一位生活在明光宫中的女子，后来被皇室赐给了徐州的某位楚王，所以才会远嫁徐州。她带着这些明光宫物品随嫁，并以楚王王后的身份在此生活，度过了一生。但她究竟是如何在明光宫的众多佳丽中脱颖而出，又是如何在陌生的异乡一路"逆袭"成为王后的？我们却再也找不到更详细的记载了。

在众多精美的随葬器物里，这盏可以随行的铜行灯一定照亮了这位楚王后人生中的许多夜晚，见证着她人生中的无数次重要时刻。

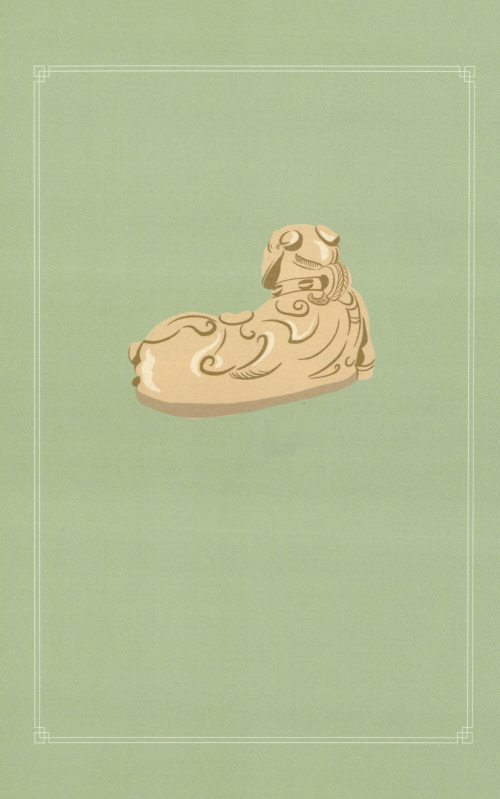

楚王的生活小用具

大自然的捕猎小能手

在神秘的大自然里生活着这样一种动物：它们穿着布满斑点、颜色鲜艳的金色毛皮外衣，身材看上去十分矫健灵活。与健壮的身体比起来，它们的头看上去很小，两只眼睛深深地凹了进去，时不时露出尖锐的目光。

生活在自然界中的豹子

在它的头部有一对三角形的耳朵，鼻子也像一个倒三角形，嘴巴里的牙齿看起来又尖又利，仿佛下一秒就可以把捕捉到的猎物咬死。哦！对了，它还有一条长长的尾巴，据说，在奔跑的时候可以保持完美的平衡。

这就是豹子。作为在动物世界排名仅次于狮子和老虎的优秀猎手，它们的奔跑时速可达90公里/小时，不仅会游泳，还可以爬树。

西汉楚王的"大宠物"

你知道吗，如此凶猛的豹子，在两千多年以前还曾经被人当作宠物一样来豢养呢！

1994年的一天，考古学家们在位于徐州市区东郊狮子山楚王墓中发现了一件用青色大理石雕成的石豹。

这是一次仓促的葬礼，一座未完成的陵墓。在这个墓葬中没有发现能确切

江苏徐州狮子山楚王墓发掘现场图

证明墓主身份的物品，因此众说纷纭，这里所葬者是第二代楚王刘郢（客），第三代楚王刘戊，还是第一代楚王刘交？至今依然是未解之谜。

无论墓主人到底是谁，但是他喜爱的"宠物"和艺术审美都令人惊叹。当看到这件石豹的时候，相信你一定也会被它可爱的样子迷住。那大大的圆眼睛和咧开的大嘴巴仿佛正在向你招呼问好，胖胖的身体怡然自得地卧在台座上，长长的尾巴大概是摇累了，便从后腿中间反卷上来放在石豹背上，这样的面部表情与肢体动作，让这只豹子看上去少了一些野性，多了一分乖巧与呆萌。

转个身，我们会惊奇地发现，在它脖颈处有一个华丽的嵌贝项圈。难道那个时候的人们流行用"贝"来装饰项圈吗？

当你带着这样的疑问在博物馆里找一找，细心的你一定会发现，戴有这种"贝"作为装饰项圈的豹子可不是只有它一只。在与这只石豹一起出土的一件石豹与两只铜豹的脖颈处，也都分别戴有这种镶缀海贝的项圈。

石豹镇　西汉
长23.5厘米，宽13厘米，高14.5厘米
江苏徐州狮子山楚王墓出土
徐州博物馆藏

石豹镇（背面）

铜豹镇　西汉
长19.7厘米，宽11.1厘米，高11.5厘米
江苏徐州狮子山楚王墓出土
徐州博物馆藏

　　《说文解字》中说："古之货贝而宝龟，周而有泉，至秦废贝行钱。"在秦代以前，贝在买卖交易中是被人们当作钱币来使用的，直到秦代以后，各个地区的人们才逐渐废除了使用贝币的制度而改用钱币。不过，在云南地区使用贝币的历史则会更久一些。《明史·食货志》中写道："（洪武）十七年，云南以金、银、贝、布、漆、丹砂、水银代秋租。"由此可见，在明代的云南地区，人们仍然会使用贝壳作为钱货进行交易，足见其重要性。

　　不过，贝在古代除了可以用作钱币进行买卖交易之外，用作装饰也是很常见的。西汉史学家司马迁在《史记·平准书》中有所记载："黄金以镒名，为上币；铜钱识曰'半两'，重若其文，为下币；而珠玉、龟贝、银锡之属，为器饰宝藏，不为币。"你瞧，在汉代"贝"就俨然成为一种装饰物。狮子山楚王墓里曾出土过两条形制相同的金扣嵌贝腰带。当文物修复工作者对腰带进行复原后发现，腰带的两端是纯金铸成的带扣，中间采用丝带编缀三排海贝组成的腰带，在海贝中间还夹缀了数朵金片做成的花形饰品。

　　这种使用海贝进行装饰的做法可不只是汉代的专利。从战国晚期到西汉早期的文物里，我们常常会在动物的脖颈处看到有海贝装饰的项圈。故宫博物院所藏的一件战国时期镂雕螭龙合璧的玉龙脖颈处，就可以清晰地发现由贝组合而成的项饰纹样。1983年，考古学家们在广州象岗山南越王墓出土的西汉透雕龙凤涡纹玉璧上，也看到由贝穿成的项饰被雕刻在凤鸟的脖颈处。

　　当我们走进山东省淄博市博物馆，在西汉齐王墓西南处的二号陪葬坑里，还能看到几十只昔日的宠物狗，在那粗壮的颈骨处至今都还遗留着由贝壳所穿成的项圈及铜环。

　　在项圈上，除了用来装饰的贝壳之外，相信你一定还会发现一个特别有趣的"钮"，这种项圈上带"钮"的样子是不是像极了我们现代人遛宠物所用的牵绳上的环？难道在那个时候，楚国王室就已经将凶猛的豹子作为宠物来豢养了吗？

　　历史上豢养豹子这事可谓是屡见不鲜。1958年在河南省三门峡市陕县（今陕

货贝　商代
中国国家博物馆藏

战国玉镂雕螭龙合璧手绘图

组玉佩中的透雕龙凤涡纹玉璧

组玉佩　西汉
广东广州象岗山南越王墓出土
广州南越王博物院藏

山东淄博市博物馆西汉
齐王墓二号陪葬坑
（殉狗坑）

错金银铜豹镇　战国
高11.2厘米，直径24厘米
河南三门峡出土
河南博物院藏

人物画像铜镜　西汉
直径18.6厘米
江苏徐州簸箕山汉墓出土
徐州博物馆藏

人物画像铜镜线描图

州区）观音堂村就曾出土过一件战国时期的错金银铜豹镇，盘卧造型的豹子脖颈处就可以看到一个被豢养的项圈标志。

古人驯豹史

生活在汉代的人们不仅豢养豹子，还擅长驯豹，在徐州博物馆藏西汉人物画像铜镜上就发现了古人驯豹的场景。

铜镜的背面，有一个穿着汉服坐在地上的男子，他的左手前伸，正在抚摸一只豹子的头部，只见这只豹子身形细长，前爪伏地，后体腾空，似乎在与主人玩闹撒欢，一脸娇憨的模样，十分可爱。看来，在西汉时期人们不仅已经习惯于豢养豹子，还极有可能出现了"专业驯豹师"，来帮助皇室贵族们驯养管理这些豹子。

汉代助猎小能手

相传，在西汉时期，汉武帝刘彻成为皇帝后，他便在秦代的一个旧苑址上扩建了历史上著名的皇家园林上林苑。扩建后的上林苑规模宏大，在这里豢养了不少来自四海八方的奇珍异兽。如此盛景，也就让上林苑成为一个理想的狩猎场所。

《汉旧仪》中有着这样的记载："苑中养百兽，天子春秋射猎苑中，取兽无数。其中离宫七十所，容千骑万乘。"充分描写了那时皇室射猎游乐的传统。杰出的文学家司马相如在他的《上林赋》中也描述了上林苑的美丽景色和汉武帝出猎的宏大场面。

西汉时期王侯贵族狩猎风气颇盛。当出猎时，这些被驯化的豹子便派上了用场。它们不仅具有飞快的奔跑速度，还有良好的捕猎能力，堪称西汉贵族狩猎时的助猎小能手。

《狩猎出行图》局部　唐代
通长277.5厘米，高209厘米
陕西乾县唐章怀太子墓出土
陕西历史博物馆藏

《狩猎出行图》局部

以豹助猎，这该是多么霸气恢宏的场面啊！这样的场景也经常见于后世的记载，古代的艺术家就使用他们的画笔将这样的场景定格在了唐高宗第六个儿子章怀太子李贤的墓葬壁画中。

豹子手绘图

在这幅《狩猎出行图》中，浩浩荡荡的皇家狩猎队伍奔驰在长安城外大道上，有序行驶的队伍里，有前方骑马带路的探路者，有骑马前行的执旗者。在紧随的大队中，束腰佩剑的战士们有的架鹰，有的携猞猁和豹子。蹲伏在马背上的猞猁和豹子此刻正警惕地张望着四周，似乎一有动静，它们就会从马上一跃而下，迅速出击捕捉猎物，生动地呈现出唐代皇室贵族出行狩猎时的壮景。

看来，这种使用豹子进行助猎的方式不仅在汉代，甚至在唐代也是备受皇室的推崇。

汉代生活小用具石豹镇

在一个墓葬中出土多个豹子形象的文物，想来生活在两千多年前的西汉楚王当真是爱极了它，不过这些豹子可不只是一个摆设，它们可是楚王日常生活的得力小帮手！

生活在古代的人们可能并不像现在一样有板凳、椅子和沙发这样方便随时坐着的家具。那时候不管是在吃饭的时候，还是和友人们聚会、喝茶或下棋的时候，常常都会席地而坐。由于地上脏或者潮湿，所以会在身下垫上一块席子。但是由藤子、芦苇、蒲草或竹条编织的席子虽然方便人们坐卧，也有着明显缺点，那就

错金银铜虎镇　西汉
江苏盱眙大云山刘非墓出土
南京博物院藏

错银卧牛青铜镇　战国·楚
安徽寿县出土
中国国家博物馆藏

嵌贝鹿形青铜镇　西汉
河南陕县后川出土
中国国家博物馆藏

《高逸图卷》　唐代·孙位
绢本设色，横168.7厘米，纵45.2厘米
　　　上海博物馆藏

是席子的边角特别容易翘起来。人们在坐下之后再次站起来时，席子会随着人们起身的动作而移动。这样一来，席子不仅会离开原有的位置，也容易绊倒人，为了解决这一问题，古人就设计了一种神奇小物件——席镇。

和现代许多家居生活便利小器物一样，"镇"的出现，为当时的人们解决了一些"生活小烦恼"。将有重量的"镇"分别放置在席子的两侧或者四个边角处压着，当人们再次坐在席子上的时候，不管是起身离开，还是想要挪动身体换一种坐姿，是不是就可以解决席子会移动的问题了呢？

生活中的细节往往会被古代的艺术家记录在画作里。在藏于上海博物馆的

《高逸图卷》中，画面里的"竹林七贤"席地而坐，席子的对角两侧分别各压一个较大的镇，镇上还系了好看的结带。画家孙位将古人使用席镇的画面清楚地呈现在观者面前。

《高逸图卷》局部

镇的出现，帮助人们解决了生活中的小麻烦，深受古人喜爱。但是席镇的功能可不止如此。在古代的一些皇室贵胄家里，人们也会使用一些低矮的床榻，这样的床榻上面除了要铺上席子之外，有的人还会在床上安装帷帐，所以古人不仅用镇来压着席子，也常用镇来压住帷帐的四角。

在博物馆里，全国出土的镇那可真是造型各异，大小不一。在汉代，镇的使用和制作达到了鼎盛时期。汉代的匠师们在制作镇的时候也非常讲究，经常会参照一些动物的形象进行制作，不仅有我们看到的西汉楚王石豹镇和铜豹镇，还有虎镇、狮镇、龟镇、鹿镇、羊镇等。在中山王刘胜墓的中室里，还出土过说唱俑的人像镇。除了具有实用功能以外，这些镇在古人的眼中还带有辟邪祛恶的作用。

当助猎小能手豹子遇上了为生活加分的席镇，就变成了现在我们看到的这件"石豹镇"了。遥想千年以前，享受午后闲暇的楚王与友人席地而坐，他们谈天说地，把酒言欢，席子的两侧压放着憨态可掬的豹镇，那该是怎样幸福美好的时刻！

汉代配饰中的点睛之物

——焊珠金花

小金饰，大制作！

在徐州博物馆里藏有一种小小的金饰，与其他大件的器物相比，它或许显得很不起眼，但是那精巧的工艺与其他文物相比却毫不逊色。它就是常常被古代的匠人们用在配饰中的点睛之物——焊珠金花。

当我们走近徐州博物馆的展陈柜，便会看到四个这样小小的金饰被工作人员整齐地摆放在展示台上。如果仔细地观察它，就会惊讶地发现，在这些小小的半

焊珠金花　汉代
直径约1厘米
江苏徐州狮子山楚王墓出土
徐州博物馆藏

球形金花上，呈现着让人叹为观止的制作工艺。想要更深入了解这些焊珠金花，我们就不得不提到在珠宝工艺史中非常重要的两种制作工艺：金丝工艺与金珠造粒技术。

所谓金丝工艺，就是人们将单股或多股捻成绳状的银或者金质

的细丝焊接到金属器物上。这种技术既可以单独作为装饰，也可以在器物表面围出镶口，以便将打磨好的宝玉石镶嵌进去。

　　但是金珠造粒技术则不同，这一颗颗看起来比粟米还要小的金珠，要将它们设计成想要的图案，可不是一件容易的事情。当人们在使用小金珠进行装饰时，会先将极细小的球体黄金颗粒组合成装饰图案，然后再焊接到主体器物的表面，想想就是一件既烦琐又细致的活儿。如果想要使这些被焊接上的小金珠变得十分牢固，又看不到焊接痕迹，更是难上加难，即便是现代工艺也是很难做到的。

　　徐州博物馆所藏的焊珠金花上恰恰就同时采用了这两种复杂而又精细的工艺。

　　古代的工匠在制作这件焊珠金花时，首先会将薄薄的金片捶压制成半球形金饰，然后再把薄薄的金丝片围成一个镶口粘焊在半球上，当镶口完成，工匠会在里面镶嵌上已经磨制完成的、与镶口形状大小相近的绿松石进行点缀，最后，周围再以花丝进行围边。然而，最让人感觉到不可思议的是，在每两个镶口中间，工匠竟然还使用了小小的金珠堆叠成了"金字塔形"一般的小"金山"！这一切制作，都是在仅仅几厘米的空间内完成的！

　　要知道，在制作工具远远不如现代发达的汉代，我们很难想象古人是如何把这种金丝工艺与金珠造粒技术运用得如此精湛！

小金珠串起来大世界

　　不过，这种金丝工艺和金珠造粒技术，可不是中国独有的专利。公元前2500年左右，美索不达米亚平原、地中海东岸的黎凡特地区和安纳托利亚半岛一道组成了一个文明联动发展的核心区域，从地形上看很像一支头朝北的箭头。或许是因为金银等贵重金属的缺乏，也或许是因为对美的追求，生活在那里的人们发现了黄金具有超强的延展性，于是便开始研究黄金所能带来的装饰艺术。在宾夕法尼亚大学考古与人类学博物馆中，就收藏有一件来自两河流域的运用金珠造粒技术进行装饰

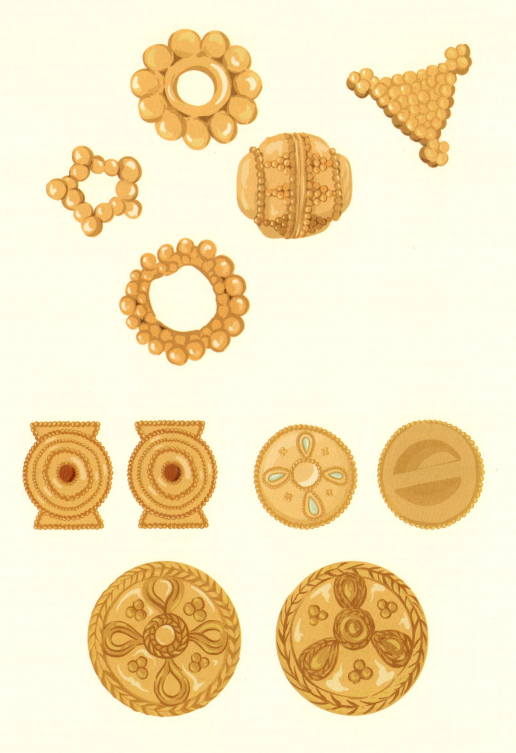

焊珠金花手绘图

使用金珠造粒技术进行装饰的黄金匕首　约公元前2550—前2400年

长33厘米，宽4.5厘米，厚3厘米

宾夕法尼亚大学考古与人类学博物馆藏

的匕首。在这件匕首上，我们可以清晰地看到，那时的人们就已经开始使用这种金丝工艺和金珠造粒技术进行纹饰装饰与设计。

使用这种细金工艺装饰而成的艺术品，看起来十分精致，渐渐受到了更多人的喜爱。"小金珠之风"也逐渐开始风靡周围的地域，在经历过青铜时代末期（约公元前12世纪）的大崩溃之后，辗转又传到了意大利亚平宁半岛的伊特鲁里亚，并由当地的工匠将这种细金工艺发扬光大。

在公元前8—前3世纪的伊特鲁里亚，那可是属于金珠造粒技术的高光时刻啊！专注且手巧的伊特鲁里亚人将这种技术运用到了极致。梵蒂冈博物馆藏的一件黄金手镯上，伊特鲁里亚的工匠们镶嵌了成千上万颗直径小到零点几毫米的小金珠，由于这种技术减少了粘焊所需的焊药，从而减少了手镯的总重量，使得这件伊特鲁里亚黄金手镯在佩戴时无与伦比的轻盈。同时这些大量叠加的金珠也增多了饰品表面的反光。我们可以想象这样一个画面，佩戴者在戴着这件手镯的时候，即便在光线不那么充足的场合下，这只精美的手镯也会显得熠熠生辉。

"小金珠之风"在向西扩散的同时，也在向东传播。大约在公元前9世纪的时候，游牧民族开始兴起，伴随着他们在欧亚大草原上的往来迁徙，这种细金工艺被带到了东方。在位于现今图瓦共和国的阿尔然王家便出土了一件用造粒技术装

两件黄金手镯　公元前675—前650年
周长26厘米，宽6.7—6.9厘米
梵蒂冈博物馆藏

饰的耳饰。

　　我国北方内蒙古与俄罗斯萨彦、阿尔泰接壤的地区自古以来就是游牧民族南下的通道。根据记载，早在先秦时期，农耕民族就与游牧民族开始了互动，特别是到了战国时期，秦、赵、燕等位于中国边缘的诸侯国在与游牧民族的接触中也学习到了许多从草原方向传播过来的细金工艺技术。在甘肃省马家塬战国墓地出土的多件黄金饰品上出现的"小金珠"也为此提供了有力的证据。

从细金工艺技术的传播看焊珠金花的产生

　　这种"小金珠之风"的细金工艺技术传播，就像古代大多数语言、文字或工艺技术的传播一样，并不是一蹴而就的，而是经历了漫长的时间才得以实现。当我们细细地梳理便会发现，这种传播漫长而广阔，总体来看或许我们可以将其分成四个阶段。

　　第一阶段大约在公元前三千纪，在位于欧亚大陆中部的箭头形地带，细金工艺技术首次出现，在通过西奈半岛传播到埃及的同时，也从安纳托利亚传播到希腊南部诸岛和克里特岛。

耳饰　公元前9—前8世纪
图瓦共和国阿尔然王冢出土

金耳坠　战国
甘肃天水马家塬战国墓出土
甘肃省文物考古研究所藏

第二阶段到了公元前两千纪，埃及的细金工艺技术传播回地中海东岸的腓尼基地区，而此时两河流域也对其持续产生影响。

到了第三阶段青铜时代末期，爱琴文明圈和地中海东岸产生频繁交流，双方在地中海世界中既有竞争又有合作，细金工艺技术此时逐渐传播到希腊本岛。

第四阶段在青铜时代大崩溃之后，希腊和腓尼基都加入了殖民浪潮，希腊人在亚平宁半岛的南部和西西里岛都建立了殖民地，向东甚至扩张到了安纳托利亚的沿岸和黑海地区，柏拉图就曾经形象地比喻"希腊人围绕着爱琴海，就像青蛙围绕着池塘"，而腓尼基人更是在北非建立了赫赫有名的迦太基，并且将伊比利亚半岛早早地纳入了势力范围，甚至穿过直布罗陀海峡到达了非洲西岸，将整个地中海贯通了起来，细金工艺技术就是在此时传入了意大利中部的伊特鲁里亚地区。而此时正值公元前一千纪游牧民族兴起，黑海地区的细金工艺技术极有可能伴随着游牧人群的移动传播到了欧亚大草原的东边，并随着中国与游牧民族的战争或贸易传入内陆，才有了我们看到的这些精巧非凡的焊珠金花。

焊珠金花的佩戴方式

可是，你知道这些小小的、金灿灿的焊珠金花，究竟被古人用在了哪些地方吗？

也许它被装饰在头冠上。2017年，考古工作者们在位于山西省太原市东山悦龙台6号西汉墓中发现了两枚金丝镶嵌的金泡饰和一些羊纹金片。根据考古发现，在出土的时候，这些金饰均附着在一顶褐黑色的纱冠残迹上，根据考古学家们的推测，这些金饰应该是用于这顶纱冠的装点之物。

也许它被装饰在服饰中。当我们走进广州南越王博物院内，也有几枚各不相同的金花泡饰品。看上去是不是和徐州博物馆的焊珠金花十分相像？细金丝交错的花纹与一颗颗排列整齐的小金珠搭配在一起，井然有序，纵横成行，十分精致美丽。

金丝镶嵌的金泡饰　西汉
高0.6厘米，直径1厘米
山西太原东山悦龙台6号西汉墓出土

　　根据考古报告显示，考古学家们发掘时，在墓主的玉衣胸腹部发现了许多不同材质的珠饰和散布成片装饰物，其中就包含了这些金花泡饰品。在部分珠饰的底部，还残留着丝绢的痕迹。根据考古学家们的推测，这些珠饰也许原本是缝缀在织物上的。也许这件织物就是由珠子穿缀或装饰而成的短衣珠襦。

　　在东汉文学家许慎的《说文解字》中记载：襦，短衣也。东汉史学家班固所编撰的《汉书》里也曾写过太后身穿珠襦，盛服坐武帐中的场景。

　　不管是装饰在头冠上，还是被穿缀在珠襦中，小小的焊珠金花在配饰的使用中无疑受到了汉代人民的深深喜爱。而"文化交流见证者"金珠造粒工艺与金银细丝技术也出现在了焊珠金花之外的饰品中，承担了"独当一面"的装饰重任。

　　1966年，在陕西省西安市未央区卢家口村曾出土过一件做工极其精美的小金灶。在这件小小的椭圆形金灶周围，古代的工匠们大量使用了金丝和小金珠进行装饰，上面还镶嵌了不同形状的彩色宝石。在小金灶上方，你发现了什么？小小金釜内装满的金珠，粒粒可见，十分形象，仿佛下一秒人们就可以生火开灶煮饭进餐。

　　在南京博物院的展陈柜中，也有一对小小的金胜。作为汉代贵族女性的首饰，在这件金饰中，古代的工匠们将一颗颗粘连成环纹的小金珠有序排列，想来也是一件极其复杂的工作。

　　找一找，在博物馆中，你还能看到哪些不同时期文物上的装饰使用了这种金丝工艺和金珠造粒技术的吗？

　　"丝路之前，金路已开。"早在丝绸之路开通以前，东西方文明的交流就未曾

金花泡饰品　西汉
广东广州南越王墓出土
广州南越王博物院藏

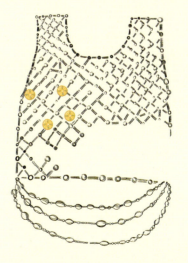

南越王墓珠襦复原图，
金花泡饰品位置

金灶　汉代
长3厘米，宽1.7厘米，高1.2厘米
陕西西安未央区卢家口村出土
西安博物院藏

金胜　汉代
江苏扬州邗江甘泉二号墓出土
南京博物院藏

间断过。也许这些在徐州狮子山楚王墓被发掘出土的焊珠金花是当年"海外进口"
而来的，也或许是那时的工匠在长期的文化交流中学会了这种制作工艺。无论如何，
焊珠金花的出现，不仅代表了权力和财富，也代表了早期全球文化艺术的交融。

文化交流的使者

——动物纹金带扣

记载中的"蛮族"

当我们缓缓展开地图看向中国北部的疆域，东西延绵几千里的广袤大地曾是游牧部族生息繁衍的地方。东胡、匈奴、突厥、羌、蒙古等许多民族都曾在这块土地上发展、崛起，不断地登上历史舞台。几千年来，他们少有固定居所，逐水草而居，游牧在辽阔的大草原上，创造了古老的游牧文化。

不过，对于身居中原地区的人们来说，他们可实在称不上是理想的"邻居"。尤其是当自然灾难降临到草原上，生活物资稀缺、草原经济崩溃的时候，这些游牧民族总会选择南下入侵，大肆劫掠一番后便跑得无影无踪，成了中原人眼中的"野蛮人"和"掠夺者"。同样，这种感觉也并不是中国独有的，古希腊、古波斯直到后来的古罗马帝国时期，也常把周边的游牧民族称为"蛮族"。这些北纬40度以南、以农耕为主的文明国家与周边以畜牧或游牧为主的族群长期共存，既有商贸往来，也不断有冲突和战争爆发。只是游牧民族不擅长书写文字、记录历史，后世只能从农耕文明历史文献记载中捕捉蛛丝马迹。长期以来，游牧民族似乎成了"非我族类，其心必异"的"他者"。可事实真的是这样吗？游牧民族的文化究竟有何不同？或许从文物中，你可以找到自己的理解和答案。

来自西汉时期的金带扣

在徐州博物馆就藏有一件精美绝伦的西汉金带扣，它或许可以给我们一些启发。1994年，考古人员在位于徐州狮子山楚王墓外墓道西侧的第一耳室中进行清理和发掘的时候，发生了一件奇怪的事情。当工作人员移动光源之时，人们都会感觉到墓室里有个地方在反光，但又总是找不到具体的反光点。于是大家开始进行反复查探和仔细搜寻，终于在一堆武器中找到了几个闪着光芒的大"金块"。当人们小心翼翼地清理出来后才发现，这竟然是两条形制相同的动物纹金扣嵌贝腰带。中间用丝带编缀了三排海贝组成的腰带，海贝中夹缀了数朵金片制成的花饰，而这两个"金块"则是腰带两端的带扣。

你能看清楚这两块金带板上都雕刻了什么吗？在左边这块金带板上，我们可以清晰地看到有两头猛兽正在合力撕咬一只马形猎物，它的脖颈正在被狮形猛兽啃咬，而它的后腿则成了熊形猛兽的美食。被袭击的马形猎物伏下了身子，奋力挣扎着，似在悲鸣，它的后肢呈现出明显的扭曲反转状态。这些凸起的肌肉、扭曲的身体都让观者感受到了它的痛苦。古代艺术家使用浅浮雕的方式生动地刻画了猛兽捕猎的激烈场景，虽然我们还无法准确地将画面中这三只动物的形象与自然界中的任何一种动物相匹配，但是艺术家把它们的毛发和肌肉等身体结构和细节描绘得非常逼真，既保留了写实主义的艺术风格，又留给了观者们足够的想象空间。

与左边的金带板相同，右边的板上雕刻着与左边图案几乎一致的动物搏斗纹样。它们与中间的金扣舌和海贝等部件一起组成了一件极具草原特色的"金腰带"。有的学者说这件金扣腰带是当时北方匈奴进贡给西汉皇室的礼物，随后又被转赐给这位楚王；也有的学者说它是西汉时期中原地区与北方游牧民族在贸易交流中的商品；还有的学者说，虽然这件金扣腰带上雕刻的是极具特点的草原动

金带扣　西汉
带板宽13.3厘米，高6厘米，扣舌长3.3厘米
江苏徐州狮子山楚王墓出土
徐州博物馆藏

金带扣复原示意图

金带扣左侧部分

金带扣侧面局部放大

物纹样，但是从铸造工艺和扣结使用方式上看，应该是西汉时期中原地区的工匠们仿制北方草原民族的风格进行制作的。虽然对此一直没有准确的定论，但它的出现很有可能与那个和西汉王朝缠斗了将近百年之久的第一个游牧帝国——匈奴帝国有着莫大的关系。

独具一格的"动物搏斗"艺术

这种动物之间紧张对峙、搏斗厮杀的场景或是单独的动物形象被统称为"动物纹饰"，常常出现在中国北方草原游牧民族的装饰艺术中，早在战国时期就出现在匈奴首领的金冠上。

1972年，考古工作者们在内蒙古鄂尔多斯的一处墓地中发现了这顶金冠饰。金闪闪的王冠上立着一只展翅的雄鹰，仿佛是草原上的王者俯瞰着大地。人们根据它的形制和精美程度认为它应该是当时匈奴中某一位首领的王冠。在这只鹰的脚下，有一个半球形的金片，上面也有一幅激烈的搏斗画面。只见四匹狼死死地咬在了四只盘羊身上，这些羊没有反抗，没有挣扎，也许是接受了即将死去的命运，虽然它们的神色平静，但从它们凸起的肌肉上，我们仍能感受到它们的痛苦。

往下看，在这些像麻花一样的冠带上也隐藏着三种动物。你能找出它们吗？上方的这只动物或许是一只凶猛的食肉性动物，它不仅有着锋利的爪子，还露出尖锐的齿牙，正死死地盯着下方的猎物。在下方的这条冠带上，有两只"头顶头"的动物，根据錾刻出的形象特点判断，可能是一匹马儿和一只盘羊。也许是惧于上面那只凶兽的威慑，它们只能伏卧在地上，相互依偎着，猎杀的时刻一触即发。

看到这里，或许站在文物面前的你早已经联想到了民歌中所描述的"天苍苍，野茫茫，风吹草低见牛羊"的草原风光。但是在很久以前，对于久居在草原地区的游牧民族来说，虽然他们可以肆意驰骋，但是生活环境却相对恶劣，生活在这里的牧民不仅要面对大自然的严酷环境，还要时时提防草原猛兽的攻击。鹰、虎、

鹰顶金冠饰　战国
冠顶通高7.3厘米，冠带长30厘米
内蒙古鄂尔多斯杭锦旗阿鲁柴登出土
内蒙古博物院藏

鹰顶金冠饰局部图

豹等一些凶猛动物捕猎、搏斗、撕咬的场景是他们常常会见到的画面，这些生活在北方的游牧民族艺术家们将他们的生活环境和所见所感表现在了金属制品中，形成了与中原地区截然不同的草原风格艺术。

雄汉与强邻

在两千多年以前，一位骁勇善战的年轻首领统一了北方各个部落，成为称霸草原的王者。这位年轻首领就是匈奴的单于冒顿，而此时的匈奴也即将成为中原王朝的劲敌。野心勃勃的冒顿来到了横亘在自己面前的长城之下，想要跨过这道城墙，渴望征服更多的土地。而此时，在长城另一方的中原王朝也完成了统一，面对北方匈奴的虎视眈眈，一场大战在所难免。

这时的汉朝初定天下，汉高祖刘邦此时携灭秦之势，匈奴王冒顿仗新立之威，双方决战于平城。但由于汉朝大军不熟悉匈奴军队的作战方式，再加上匈奴人善骑射，西汉的步兵在面对匈奴骑兵时毫无作战优势，结果中了匈奴诱敌之计，导致刘邦和他的部队被围困在平城白登山长达七天。按照《史记》记载，最后刘邦是因为贿赂了冒顿的阏氏才得以脱困。从此以后汉朝便不再主动出击，开始了将近百年的和亲政策，而匈奴则继续向西扩张，将西域也纳入了控制范围，在给汉文帝的"报捷书"中匈奴曾骄傲地说"诸引弓之民，并为一家"。

随着汉朝与匈奴关系的稳定，中原与草原之间的交流也得以加强，草原的马匹、牛羊、毛皮等不断地流入中原地区，而中原地区的丝织品、铜镜、漆器和钱币也源源不断地运往草原。王公贵族们渐渐对带有草原风格的器物爱不释手，也开始大量制作这种融合了草原及中原风格的装饰品，徐州博物馆里的这件动物纹金带扣就恰好反映了这种文化间的交流。

风靡全球的草原风格动物纹样

这种动物风格的纹样从何而来？让我们把目光延伸至欧亚大陆北边的大草原之上。长期以来，不同于农耕文明驯化植物的生存方式，北方欧亚大草原畜牧和游牧文化人群主要以采集狩猎的经济业态为主。距今3600—6000年间，迈科普、颜那亚、塞伊玛－图尔宾诺、安德罗诺沃等文化人群就已经善用动物主题来创作金属艺术品。公元前1000年之后，在黑海北岸一片极为广袤的草原上生活的一支强悍游牧民族——斯基泰人，将动物主题艺术品制作发展到一个高峰。

斯基泰人的强盛时期要比匈奴早了四五百年，有趣的是，无论是斯基泰人还是匈奴人，有关他们的故事大多来源于其他民族的记载。大约在2500年前，大名鼎鼎的古希腊历史学家希罗多德曾在他的著作《历史》中这样记载，斯基泰人生活在极其寒冷的地方，一年当中约有八个月都是不可忍耐的寒冬，大海和河流都结冰了。恶劣的气候让他们成长为凶悍无比的战士，称霸在欧亚大陆的北方。

由于斯基泰人本身几乎没有留下任何的文字记录，除了一些传说和故事之外，想要了解真实的斯基泰人生活，便只能通过他们留下的遗物了，例如这件描绘了他们生活场景的黄金项圈。

和许多游牧民族的生活习惯一样，斯基泰人也在欧亚大草原上进行着迁徙、移动，他们鞍马为居，射猎为业，不断与周围民族发生碰撞与融合，吸收了大量希腊与亚述、波斯的艺术元素。1971年，黑海北岸的托罗斯塔古坟中发掘出土的这件斯基泰黄金项圈，就是将希腊艺术与草原艺术完美融合在一起的艺术品。

项圈最内层呈现了一派祥和的草原生活，中间的两个斯基泰人在修补皮袄来为冬天做准备，马和牛在他们的周围喂养自己的幼崽，旁边挤奶的小斯基泰人此刻也正在专注地工作。由于马类只在每年的七八月份才会哺乳，我们甚至可以推测这幅场景发生在水草丰美的夏季。这是草原上最好的季节，人和动物都在享受这一年当中为数不多的美好时光。这些人和动物从小到大依次排开，以中间的两

斯基泰黄金项圈　约公元前400年
直径30.6厘米
托罗斯塔古坟出土
乌克兰基辅国立历史博物馆藏

位主角为中心，左右对称地铺展开来。

　　与项圈内层所呈现出的祥和截然不同的是，在这个项圈的最外侧，我们看到了非常熟悉的猛兽捕猎画面。六头从天而降的怪兽格里芬张开了它们的翅膀，作为希腊神话中频频出现的神兽，格里芬被认为是老鹰和狮子的结合体。此刻的它们正在撕咬着草原上的三匹骏马，锋利的爪子深深地嵌入骏马的肌肉中，被捕食的马儿此刻仿佛已经失去了反抗的力量，只能圆睁着双眼，默默地迎接着属于自己的命运。

除了正中间的格里芬和骏马，其他动物也都在激烈地战斗着。左边有两只狮子正前后夹击雄鹿。右边，一头狮子和一只豹子正在一起围捕着野猪。来到项圈的末端，随着空间越来越少，动物也越来越小，鬣狗追着兔子，就连两只小小的蚱蜢也在对峙着，想要一比高下。黄金工匠们将斯基泰人的草原生活刻画得淋漓尽致，有安静祥和，也有残酷凶猛。动与静的对立平衡在这件精美的艺术品上得到了完美体现。

斯基泰人非常喜欢黄金，他们将大量草原风格的动物纹样设计制作在金、银和青铜器皿上。我们都知道，在世界文明发展的历史进程中，欧亚大草原自古便是许多民族迁徙与融合的大舞台，各种文明也在不断地进行碰撞与交融。这些精美的物品与纹样随着各族、各国的贸易与文化交流，逐渐向东影响了中国北方地区和蒙古高原。不管是楚王的金带扣，还是匈奴首领的鹰顶金冠饰，再或者是斯基泰人的黄金项圈，如今的它们，就如同一个个见证着不同时代、不同地区、不同文化的使者，默默地为观者讲述着属于它们的那段精彩故事。

源远流长
楚地传承

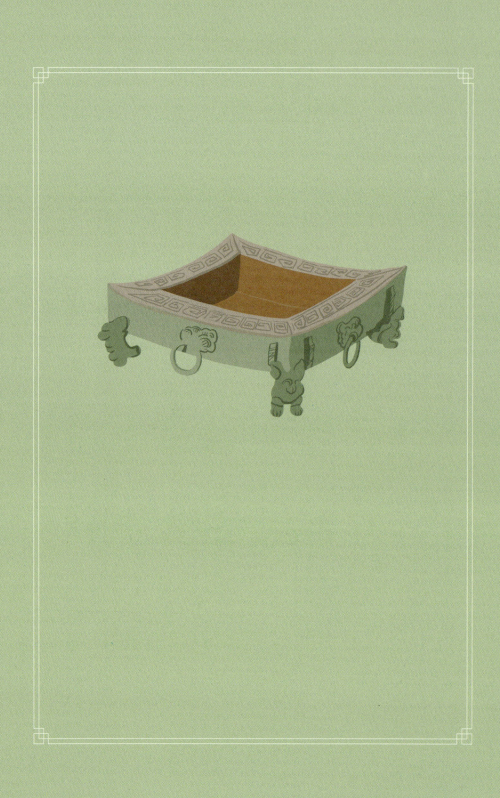

古人撸串也疯狂

——铜烤炉

"民人以食为天"

司马迁在《史记·郦生陆贾列传》里引用过这样一段千古名句："王者以民人为天，而民人以食为天。"这句话说明了食物对于人类存续和文明发展的重要性，它的来源有着怎样的故事呢？

相传，在刘邦和项羽争霸之时，有一次，刘邦在项羽猛烈的攻击下，节节败退，但是又非常不甘心。当时，刘邦占据的河南荥阳敖山之地有一座堪称当时关东最大的粮仓，就在刘邦对于要不要弃守之事犹豫不决的时候，他身边有一位叫郦食其的人说："王者以民人为天，而民人以食为天"，如果我们把这样重要的粮仓拱手让给敌人，对当前的局面非常不利！现在我们应该迅速调动组织兵力，固守敖仓。

这就是历史上著名的成皋之战，刘邦被说服，依照郦食其的计划进行部署，最终取得了胜利。这场战役不仅成为楚汉争霸战争的转折点，就连"民人以食为天"这句话也成了中国饮食文化中的响亮口号。

汉代徐州美食记录

在辽阔的中华大地上，每个地区的气候、物产、风俗习惯都存在着差异，长久以来，在饮食文化上也就形成了许多地方特色。走进徐州博物馆的汉代文物展厅，我们会在一件被誉为"汉代三绝"之一的画像石上看到一幅非常熟悉的宴饮画面。

在这块汉画像石的最下层，有两人围坐在亭内的烤炉前，他们正在享受美味的烤肉，其中一人一手拿着烤串，一手拿着扇子正在烧烤，另一个人正在耐心地等待着。看到这里，是不是口水都要流下来了呢？这个画面生动再现了汉代人们宴请宾客时烧烤的场景。

徐州地处苏、鲁、豫、皖四省接壤处，历来有"五省通衢"之称，自古便是北国锁钥、南国门户、兵家必争之地和商贾云集中心，占据了如此重要的地理位置，这里的饮食文化也势必经历着快速的发展与融合。就像这块画像石中所描绘的宴饮场景一样，也许在汉代徐淮一带，吃烧烤就已然成为较为普遍的生活方式。

烧烤工具——铜烤炉

工欲善其事，必先利其器。徐州博物馆里，不仅留存着这幅汉代人们烧烤的画像石，还馆藏着一件汉代人们烤制肉食的真实器具——西汉铜烤炉，充分体现了当时的饮食风尚。

这件烤炉的模样似乎和我们常见的现代方形烤炉造型有所区别。圆形的炉子，平沿平底，在烤炉的四壁装有数个兽首模样的衔环，可方便人们搬运，烤炉底部还有三个兽蹄足，稳稳地支撑着它。

这只是众多汉代烤炉中的一种款式，或许是汉代的人们太喜欢吃烤肉了，在全国不同地区都曾出土过材质不同、形制各异的烤炉。在广州南越王博物院内有这样一套青铜烤炉器具，就为我们展示了两千多年前的西汉时期，生活在岭南地区（现广州一带）的第二代南越王赵眜的饮食喜好。

这件方形铜烤炉凹陷的炉底方便人们放置炭火，四个微微翘起的炉角，设计

"烤肉串"画像石　东汉
长95厘米，宽52厘米，厚32厘米
江苏徐州原铜山县大泉乡岗子村出土
徐州博物馆藏

汉画像石烧烤图拓片（局部）

铜烤炉 西汉
高16厘米，口径45.4厘米
江苏徐州狮子山楚王墓出土
徐州博物馆藏

得精巧且实用，当人们在上面摆放肉串时，还可以防止烤串从炉上滑落，炉外四壁处也装有兽首衔环，方便人们自由搬运。与这件铜烤炉一起出土的，还有一些烧烤时用来插烧食物的铁钎和铁叉。从这些配备齐全的烧烤工具来看，或许那时候的人们不仅喜好烧烤，还懂得了针对不同的食材选择适合的烧烤方式。

火之烹饪方式

中华民族有着悠久的饮食文化历史。在还没有文字记载的时候，古代先民们就已经开始使用火进行烹饪料理。火的出现让古人掌握了光和热，也告别了吃生肉的时代。许多考古发掘的遗址内都发现过烧焦的猪骨、牛骨和其他动物骨头。随着对火的操作逐渐熟练，先民们逐渐对饮食有了更多的探索，实践出了更多的烹饪方式。

青铜烤炉器具组合　西汉
广东广州南越王墓出土
广州南越王博物院藏

铁叉和铁钎

《诗经》里有一首诗歌叫《小雅·瓠叶》，其中写道：

有兔斯首，炮之燔之。君子有酒，酌言献之。

有兔斯首，燔之炙之。君子有酒，酌言酢之。

古人宴请宾客，使用兔子进行烹饪，或是把它"炮"了吃，或是把它"燔"了吃，或是把它"炙"了吃。汉代学者毛亨曾说："将毛曰炮，加火曰燔，抗火曰炙。"原来，"炮""燔"和"炙"这三种虽然都是烤肉的方式，但做法上还是稍有区别的。"炮"是将带毛的动物掏空内脏，填以调料，在整只动物的外面裹上泥放在火上烧；"燔"是将肉串好放在火上直接烤；而将肉切成小块，用器具串上，再举于火上慢慢熏烤的方式则是诗歌里所指的"炙"。

《说文解字》中记载："炙，炮肉也。从肉，在火上。"上半部分为肉的象形，下半部分为火的象形，是不是像极了将肉放在火上烧烤的样子呢？

汉代烤串技术与食材

想象一下，当你准备好了铜烤炉，准备好了需要烧烤的炭火，下面应该做什么呢？在徐州汉画像石馆的另外一块砖石上，我们很快就找到了答案。

这些汉代的"厨师们"此刻正在有条不紊地进行着烹饪工作。在左边墙壁的上方挂着羊腿、鱼、鸡等，这也许是当天料理中即将要烹饪的重要食材。在食材的右下方有一个人正在持刀切肉，另一个人则认真地坐在火炉旁，一手握肉串在炉上翻弄烘烤，一手持扇子扇风、点火，他们分工明确，各司其职。

如果遇到大型的宴饮场合，汉代的厨师们该怎么分工呢？作为喜食烧烤的汉代人民，当然也可以从容应对。在山东诸城凉台汉墓出土的庖厨画像中，我们便

庖厨、迎宾画像石　东汉
宽70厘米，高78厘米，厚25厘米
江苏徐州原铜山县汉王乡出土
徐州博物馆藏

庖厨、迎宾画像石局部

山东诸城汉墓庖厨图线描图（局部）

可以看到，在偌大的厨房里，有的人剖鱼宰羊，有的人穿串，有的人添柴烤肉，有的人端盘子，这分工明确、宛如"流水线"一般的烧烤模式，完整地呈现了古人从挑选食材、切肉、穿串到烤肉的全过程。对比一下烤肉工具，相信你也一定会发现，那时候的烤炉、烤钎、烤叉等器具的形制似乎也与现代某些地区的烤肉工具相差无几。

　　鱼、羊、鸡肉……除了在汉画像石图像中出现的这些食材之外，汉代的百姓可比我们想象的会吃多了！

　　考古学家们在湖南长沙马王堆一号汉墓中出土的大量汉代竹简遣策上发现了当时的烤肉原料记载，仅肉食类中的"炙"品就有牛、犬、豕、鹿、牛肋、牛乘、犬肝、鸡等，简直可以说是无所不烤！

　　除此之外，2003年，在河南省济源市沁北电厂西窑头工地10号墓出土的一件

庖厨图刻石　东汉
宽75厘米，高151厘米
山东诸城前凉台村孙琮墓出土
诸城博物馆藏

陶炉 汉代
长22厘米，宽12厘米，高16.5厘米
河南济源沁北电厂西窑头工地10号墓出土
济源博物馆藏

陶炉上还发现了两根烤蝉串，由此可见蝉也是汉代人们烧烤食材中的选择啊！

汉代烧烤的"头号粉丝"

随着各种食材被大量用在烧烤中，精于饮食的汉代美食家们，不仅在烧烤流程中分工明确，就连"烤肉礼仪"也应运而生。西汉礼学家戴圣在他所编著的《礼记·曲礼上》的进食之礼中就提出过一条"毋嘬炙"的规矩，用来提醒人们吃烤肉时不要狼吞虎咽，要细嚼慢咽，毕竟在嘴巴里塞满太多食物的样子实在是太不雅观了。

　　烧烤作为汉代人们喜爱的烹饪方式之一，上自王公贵族，下至黎民百姓，纷纷对其美好滋味赞不绝口。传说，汉高祖刘邦就是烧烤的最权威代言人和"头号粉丝"。在中国古代小说集《西京杂记》里就有着这样的记载：汉高祖刘邦即位以后，常以烧烤鹿肝、牛肚下酒。烤串配酒，天子尚且如此，那么臣民们对于烧烤的热情更是可想而知了，上行下效，烧烤之风风靡全国。

　　汉代人们创造了独具特色的饮食文化，看着那些记录着宴饮时正在进行烧烤的画面，热腾腾的烤炉里放入炭火，肉被放在特制的烤架或者叉子上烤得色泽焦黄油亮，再配上特制的佐料，外焦里嫩、香味扑鼻，让人垂涎三尺。如今，人们依旧喜食烧烤，它是我们生活中不可或缺的美食之一，这些与烧烤相关的文物也见证了中国饮食文化的传承与发展。

具有情感美学的饮酒器

——玉卮

佳作中的酒文化

酒，在古代社会中有着十分悠久的历史，自出现那日起，便一直吸引着无数人吟唱赞颂。在中国的古诗词中有许多与"酒"相关的佳句。《吕氏春秋》云"仪狄作酒"；《说文解字》有"杜康作秫酒"的说法；李白曾用"花间一壶酒，独酌无相亲"表达了自己的孤独之感；王维借"劝君更尽一杯酒，西出阳关无故人"道出了对远行者依依惜别的情谊；朱敦儒以"日日深杯酒满，朝朝小圃花开"讲述了自己闲逸自得的生活情调。

然而，若要论酒，自然也就少不了酒器。作为酒的好搭档，酒器也常常是无数文人墨客争相描写与创作的对象。比如在王翰的笔下那件用来盛装葡萄美酒的夜光杯，在李白诗中用以彰显出兰陵美酒琥珀色泽的玉碗，还有在陈洪绶的画作中被举于面前的爵，等等。从古至今，古人在追求饮酒形式与美学的同时，也促进了不同时期酒器的变化与发展，它们相辅相成，相互成就。

汉代饮酒器——卮

"项庄舞剑，意在沛公"，你还记得司马迁在《史记·项羽本纪》

《蕉林酌酒图》局部　明代·陈洪绶
绢本设色，长156.2厘米，宽107厘米
天津市艺术博物馆藏

里描写过的那场危险饭局鸿门宴的故事吗？在楚汉相争的时候，项羽的亚父范增
设计了这场鸿门宴想要借机杀掉刘邦。酒酣之时，他们假意安排项庄为刘邦表演
剑术而借机行刺，就在这危急时刻，刘邦的部下樊哙携剑带盾闯入帐中为其解围。
项羽见此情况，便说"壮士！赐之卮酒"，随之侍者"与斗卮酒"，樊哙接后一饮
而尽。

　　在这里，项羽赐给樊哙酒时用的便是酒器中的一种，名为"卮"。虽然关于
这件卮的模样与质地在文章里再无更多的描述，但是我们可以在徐州博物馆内珍
藏的一件西汉楚王玉卮上一窥这种汉代酒器的真容。

　　《礼记·玉藻》中曾指出，卮原本是一种用木片卷曲而成的物品。与记载中使
用木片制作而成的卮不同，我们面前这件像是现代玻璃杯一样呈圆柱筒形、带盖
的器物便是徐州狮子山楚王墓中出土的玉卮。根据矿物分析，它是由和田玉制成，
历经两千年，色泽依然温润。这件玉卮的整体由卮身与卮盖组成，二者之间以子
母扣合在一起，容量大约为280毫升。也许是因为常年被埋藏于地下，所以它的身
上还有着一些褐色的沁斑。

玉卮　西汉
通高11.8厘米，直径6.7厘米
江苏徐州狮子山楚王墓出土
徐州博物馆藏

备受争议的"柿蒂纹"

一、二、三、四、五，这是一朵正在绽放的五瓣花儿吗？还是一个从俯视角度下观看的带有蒂顶的柿子？当我们的目光自上而下观瞧，首先映入眼帘的便是在盖顶中央凸起的五瓣形装饰钮，它的中间为圆形，四周像极了向外伸展的花瓣。围绕在这件装饰钮周围的，还有三个似浪花、像云朵的装饰物，如众星拱月般将它"捧"在中间。

西汉楚王玉卮盖顶

有的学者将这种形似柿子蒂的图案称为柿蒂纹样。唐代作家段成式在《酉阳杂俎》一书里写道：在自然界的树木中，要属柿子树扎根最牢，人们叫它"柿盘"。当一朵柿子花凋落后就会留下一个大大的蒂，肥大厚实，如同一位忠诚的守护者一般陪伴着柿果慢慢成长，直到果实成熟都不分离。或许正是因为柿子的这种生长特性，具有与柿蒂相生相伴、紧密牢固的吉祥寓意，古时的人们带着对大自然的崇敬之心将它设计成了纹饰，并运用在各个装饰领域中。除了这件玉卮的盖子，我们在许多汉代的建筑中、壁画里、器物间和印染织绣上都能看到用它装饰的模样。

也有学者认为这种"柿蒂纹"造型来源于汉代之前的一种由四瓣花形组成、指向四方方位、被视为芬芳花朵的"方花纹样"。方花也被称作"方华"或者"芳华"。古人说："方华蔓长，名此曰昌。"它象征着子孙昌盛，延绵不绝。早在战国时期，就曾出现过它们的身影，到了汉代则更为流行。所以，有的学者也提

"中国大宁"鎏金铜镜
直径18.6厘米，缘厚0.6厘米
湖南长沙伍家岭211号墓出土
中国国家博物馆藏

错金银铜鼎　战国
高16.5厘米，腹宽13.2厘米
河南洛阳西工区小屯村窖藏出土
洛阳博物馆藏

出这种"柿蒂纹"当属方花纹中的一种，应该更名为"方花纹"。

想想看，如果是你，会给这件玉卮上的装饰纹样起一个怎样的名字呢？

也许，不管是四瓣、五瓣、六瓣还是八瓣，在这种像极了植物花草的图案纹样里，都离不开古代先民们敬畏自然，感知植物生长的循环往复，对万物生生不息所表现出的生命力的崇拜之心。

动静相宜的视觉艺术

沿着西汉楚王玉卮的盖沿往下看，大量的勾连雷纹即刻跃于眼前。它们整齐统一地排列着，又横向、纵向地不断相互勾连，循环往复，仿佛在交替中达到了节奏与韵律的完美平衡，为玉卮带来了一种庄重和谐之感。细看之下，这些勾连

西汉楚王玉卮侧面（局部）

西汉楚王玉卮底部（局部）

琮王上的神人兽面纹　良渚文化
浙江省博物馆藏

雷纹中转处的方折刻画有力，旋转处刻画深入，充满力量又看不到尽头。

　　在大面积铺陈勾连雷纹的上下两方，位于玉卮的沿口和杯底之处，还分别装饰着一圈象征着高升如意的云纹，它们上下呼应，在莹润的玉器上欢快地舞动着。古代的艺术家将大量节奏韵律统一的勾连雷纹与飘逸灵动的云纹线条合理地搭配在一起，为观者带来了动静相宜的视觉美感。

不断变化的兽面纹样

　　如果说在西汉楚王玉卮的顶部饰有三朵似浪花、似云朵、极具动感的装饰物，那么在它的底部则还饰有三只看上去敦厚可爱的矮足。它们等距鼎立，稳稳地支撑着这件酒器。不过，它们可并不仅仅是"承重工"这么简单。当你仔细观察便会发现，每一只"玉足"上皆有一个兽面纹，有时人们也将它称作"饕餮纹"，

兽面纹玉斧　商代武丁时期
长10.2厘米，宽4.8厘米，厚2.1厘米
河南安阳妇好墓出土
中国国家博物馆藏

玉卮　战国晚期
安徽巢湖北山头1号墓出土
巢湖市博物馆

它的形象最早可以追溯到新石器时代良渚文化中的"神人兽面纹"。

在藏于浙江省文物考古研究所的玉琮上，我们可以在它的四角上方清晰地看到戴有羽冠、刻有双手的人形图样，在下方的兽形中也能准确地辨别出眼睛、鼻子和嘴巴的形状，踞坐的双足，就像一只趴伏着的凶猛神兽。在此后漫长的岁月中，这种充满着神秘色彩的纹样也经历着繁简之间的演化转换，在商周时期被大量地运用在青铜器玉器等装饰中。出土于河南省安阳妇好墓中的兽面纹玉斧上，巨大的兽面双目圆睁，看上去可爱极了。

相较于玉琮和玉斧，西汉楚王玉卮足部上面雕刻的兽面纹则看起来更为简化。不管是它的眼睛、侧脸还是宽阔的嘴巴，都只用了简洁流畅的线条进行表现。

汉代玉匠的精湛技艺

人们总说："玉不琢，不成器。"要知道，想要制作出这样的玉卮在当时不仅是一件奢侈的事情，还会耗费玉匠们大量的心血。在工作时，最先要做的就是准备一块品相完美且体积足够大的玉石。由于玉匠们要在单薄的卮体上雕刻出繁复的花纹，所以在选材时，除了体积大、品相完美，对玉石质地、软硬程度也是有着严格的要求。此时质地细腻、韧度较高的和田玉便成为最佳之选。

西汉时期，随着著名的"外交家"张骞出使西域，打通了丝绸之路，大量品质优良的新疆和田玉也来到了中原地区，成为皇室贵族玉器制作时的顶级原料。可即便如此，在当时的情况下能找到这么大一块完整的美玉也是颇为难得的一件事情，或许也只有皇室贵胄才能拥有，普通人家则是可望而不可即。

当人们解决了玉料的问题，接下来需要面对的就是制作中最大的难关。由于玉卮的内部是空的，试想，在两千多年前的汉朝，要想将一整块玉料加工成厚度只有几毫米的圆柱状，其难度可想而知，稍有不慎就有可能让整件玉器报废。面对这样的难题，古人的创造力和娴熟的技艺总是让我们惊叹不已，并且在将玉石内部掏空这项"掏膛"工艺上发挥得淋漓尽致。

根据仪器扫描的结果，科研人员分析后认为，这件玉卮内部使用了连续管钻的方式，在制作时会使用不同直径的管钻一层层地逐步深入，再加以打磨，最终获得光滑且薄可透光的壁身。即使在两千多年后的今天，当我们再次欣赏这件玉卮的时候，都不得不钦佩汉代玉匠师的聪明才智和精湛技艺。

《韩非子》中曾记载过"千金之玉卮"，由此可见玉卮十分贵重。在《史记·高祖本纪》中也曾记载过这样一个庆典画面："未央宫成。高祖大朝诸侯群臣，置酒未央前殿。高祖奉玉卮，起为太上皇寿。"看来，玉卮不仅价值贵重，在汉代隆重的庆典仪式中，也是只有显赫的王公贵族才能使用的酒具。

这样的记载在出土文物中也得到了一定的印证。普通的卮在全国各地出土文物中有许多，它们纹饰各异，质地也分别有铜、金、漆、石、陶等，但使用玉石制作而成的玉卮却极其难得，出土数量寥寥可数。到目前为止，能够出土玉卮的墓葬主人无一不是王公诸侯或名流显贵，因此玉卮实属汉代奢侈饮酒器之最。

礼乐文明的小器物

——错金银嵌珠铜瑟枘

古籍记载中的乐器——瑟

中国为何被称为"礼乐文明"的国家？我们就从瑟说起。

唐代诗人李商隐在《锦瑟》诗中曾写下"锦瑟无端五十弦，一弦一柱思华年"这般含蓄深沉的千古名句。在他的笔下，装饰华美的瑟有五十根弦，每一根演奏起来都可以使人追忆青春年华。作为中国音乐发展史里最重要的乐器之一，瑟的历史非常悠久。东汉许慎在《说文解字》里写道："瑟，庖牺所作弦乐也。"在他的记载里，瑟是远古时期庖牺氏，也就是我们常说的伏羲，所制作出来的乐器。《诗经·小雅·鹿鸣》里也记录了古人在宴会上鼓瑟、吹笙、弹琴的场面。瑟不仅成为人们聚会宴请里的重要演奏乐器，也成为古代文人墨客创作的灵感来源。

"瑟"究竟是一种怎样的乐器？或许我们可以从它特有的一个组成构件说起。

瑟的特殊构件——瑟枘

当我们走进徐州博物馆，或许你会从众多的文物中发现一朵精

错金银嵌珠铜瑟枘　西汉
高4.4厘米，直径4.1厘米
江苏徐州东洞山楚王墓出土
徐州博物馆藏

美的"蘑菇"。可是从上面看，它又形似一朵色彩缤纷的六瓣花朵。实际上它曾经是乐器瑟上的一部分，不同于编磬或编钟等青铜乐器，这件瑟的主体也许是木质的，经岁月的洗礼在泥土中早已不见踪迹，唯留下这个名为瑟枘的小小铜配件。

在这件铜瑟枘的顶端镶嵌着一颗黄色的宝石，周围采用错金工艺制成的金色横条组成了一个六角形，每个角内也都以间隔循环排列的方式镶嵌着水滴形的绿松石和黄色宝石。六角形的外面，汉代的工匠们使用同样的方式在错银的三角形"花瓣"上镶嵌近乎三角形的大颗宝石进行装饰。换到侧面来看，"花瓣"下竟然还藏着六颗小的宝石。认真地数一数便会发现，就在这个小小的铜瑟枘上共镶嵌了整整19颗种类不同、形状各异的宝石，翠绿色和金黄色的彩色宝石与错金错银的金属光芒相互辉映，虽然历经两千年，但依然灿烂，不难想象刚制作出来的时候是多么的华丽炫目。

错金银嵌珠铜瑟枘手绘图

瑟枘中的错金银工艺

汉代艺术家们采用了错金银和镶嵌宝石的工艺制作出了这件精美的铜瑟枘。错金银常被运用在青铜器的装饰上。我们都知道，金和银这类金属与其他金属不同，它们有极强的延展性，在运用合适的工艺下可以任意塑形而不会断裂。这件青铜瑟枘上的错金银起到了极佳的装饰作用。制作时，人们首先在青铜器铸造时于表面留出凹槽，可能会使用不同方法来制槽。例如，工匠可以选择在制作青铜

"栾书"青铜缶　战国
通高40.5厘米，口径16.5厘米，足径17厘米
河南辉县出土（相传）
中国国家博物馆藏

器陶范时表面预留凸起，这样青铜器和凹槽就可以一体铸成；另外一种可能的方法就是，在铸好青铜器后用錾刀等锋利的工具直接在表面刻出花纹与线条的凹槽。但不论采用哪种方法，错进去的金银细丝或薄片都会相当坚固，不易脱落。

　　当凹槽制作完成后，人们便开始将提前准备好的金银细丝或薄片镶嵌到凹槽里去。最后再使用一种可以打磨金属器的厝石或动物皮毛，将镶于槽内的金银表面打磨光滑，使金银与青铜器身看上去融为一体。到这里，我们再仔细观察一下这件铜瑟枘上的"六角形"，是不是对这种高超的制作工艺有了更直观的感觉呢？

细数在全国各地博物馆内馆藏着的那些年代更早的错金银文物，其实这种制作工艺早在春秋时期就已被人们使用在青铜器皿的装饰中，战国时期得到了更大的发展。在中国国家博物馆的展柜中，有一件战国时期楚国的贵族栾书制作的著名青铜器——栾书缶，用于盛酒或者盛水，它的身上和盖子内使用错金方式制作出了"正月季春元日己丑，余畜孙书也择其吉金，以作铸缶。以祭我皇祖，虞（余）以祈眉寿。栾书之子孙，万世是宝"及"正月季春元日己丑"共计48个文字。

除此之外，就连我们耳熟能详的越王勾践剑和吴王夫差矛上的铭文也都采用了错金银工艺进行制作。可以说这种工艺是当时王室贵族特别钟爱的一种装饰手段。错金银在战国晚期和秦汉时达到了巅峰，装饰范围也被拓展到了古人生活中的各个领域，被用在乐器、带钩、车马器或青铜器等各种器物的装饰中。例如，秦始皇陵出土的乐府钟就是其中代表性的器物，在它的表面不仅饰有错金的蟠螭纹和流云纹，还饰有错银云纹等，工艺之精湛、图案之华美令人叹为观止。

瑟枘与瑟

《论语·先进》说："由之瑟，奚为于丘之门？"瑟是我国最早的弹弦乐器之一，至少有三千多年的历史。瑟有瑟枘，作为瑟中的一个重要构件，它究竟又起到了哪些作用？也许，我们可以在那些考古出土的古瑟里去寻找答案。

馆藏在湖南省博物馆里的二十五弦瑟于1972年在湖南省长沙市马王堆一号汉墓出土，不仅形制完好，而且瑟上的弦也都保留齐全。从这件古瑟的整体来看，它的形状就像一个长方形木盒，由首、隐间、尾三部分组成。古瑟右方首部嵌有一根高出瑟面的长木条，像极了耸立的小山，故而被人们称为"岳"。在首岳外有一排弦孔穿系着瑟弦，瑟的后端也分别嵌有外、中、内三条短木条的尾岳，在尾岳之外也有弦穿系而过。而尾岳之后那四个凸起的柱子就是我们讨论的主

乐府钟　秦代
通高13.3厘米
陕西西安秦始皇帝陵园西侧内外城垣间的飤官遗址出土
秦始皇帝陵博物院藏

乐府钟手绘图

二十五弦瑟　西汉
长116厘米，宽39.5厘米，高10.8厘米
湖南长沙马王堆一号墓出土
湖南博物院藏

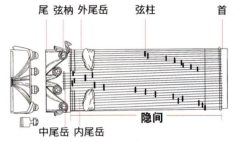

尾　弦枘　外尾岳　　　弦柱　　　　　首

中尾岳　内尾岳

隐间

古瑟各部位名称

角——瑟枘。当瑟弦自首岳底穿出后，经过隐间来到尾岳孔穿入，然后再经尾部的弦槽引出，最后挽系在瑟枘上。瑟枘作为固定和拴系琴弦的重要构件，对整个乐器起到至关重要的作用。

瑟体的内部是空的，面板、底板和四周的侧板共同组合成了一个共鸣箱，在每根弦下还有可移动的调音柱。当乐者想要演奏时，指尖在弦上进行勾挑弹动，美妙悦耳的瑟声便会响起。战国时期的文学家荀子在《荀子·乐论》里说，君子用钟、鼓来引导人们的志向，用琴、瑟来使人们心情快乐。相传，我国伟大的思想家、教育家孔子就曾善于鼓瑟，常用来为诗歌伴奏，在当时甚至独立成家，号称"孔门之瑟"。西汉时期，一位名为韩婴的人就在他的著作《韩诗外传》里描写过孔子鼓瑟，曾子、子贡侧耳欣赏的场面。

《鼓瑟图》重绘

瑟的演奏方式

虽然现在再也无法聆听古人鼓瑟时的曲调，但在许多文物中，也依然可以感受到人们以琴瑟伴奏乐舞的情景和氛围。在名为《鼓瑟图》的汉画像石里，身处右侧的乐手跪坐于瑟前，瑟柄一端置于地上，首岳一端斜靠膝上，左手勾曲，右手拨挑，沉醉于其中，舞者随乐缓缓而舞。

不过，瑟可不止这一种演奏方式。在徐州博物馆里还展示着一件梳着发髻的乐者陶俑。只见她此刻正身着曲裾深衣，双膝着地，上身前倾着，一手抚弦、一手弹拨。而与她同时出土的陶瑟，此刻正被置于底面，为我们呈现出了另一种演奏方式。

视线聚焦在这件陶瑟上就会惊喜地发现，虽然西汉的工匠们并没有将弦和弦柱等细节部件制作出来，但是明显的首岳、尾岳还有瑟柄等部分都一应俱全，四个形如"蘑菇"一样的瑟柄依然被置于尾岳的后面，在长长的首岳部位还有25个弦孔。看来，它或许也是一件根据二十五弦瑟仿制而成的陶制品。那么我们不禁要问，乐器或者说音乐，在中国古代只象征着一种娱乐或是个人品德的修养方式吗？

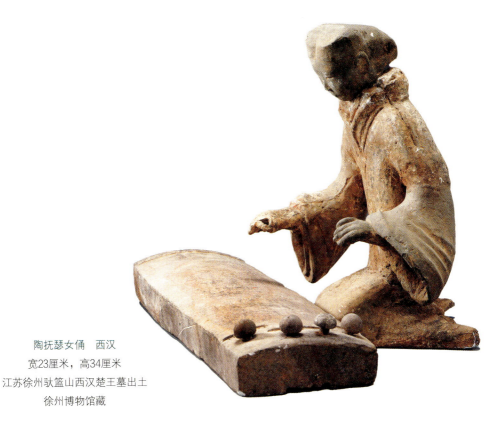

陶抚瑟女俑　西汉
宽23厘米，高34厘米
江苏徐州驮篮山西汉楚王墓出土
徐州博物馆藏

礼乐文明的缘起

　　中国自古以来被称为礼仪之邦，在历史叙述中更是为周边民族所羡慕敬仰，这套严格的礼仪制度其实都来自周朝周公旦的"制礼作乐"。武王灭商之后，周王朝分封同姓子弟与异姓功臣到各地为诸侯来保卫王室，周公吸取了商朝灭亡的教训，制定了一套严谨而温馨的礼乐制度来规范人与人之间的关系。所谓礼是指一套完整的社会秩序与制度，包括上到祭祀朝觐，下到父母子女的一切政治和日常生活规范，使得"长幼有序，尊卑有别"。比如在祭祀的时候，只有天子才有资格祭天，而诸侯只能祭祀自己封地中的山川河流，是绝对不可以代天子祭天的。而乐则是指在进行这些仪式时所需演奏的乐舞，因为在这样一种等级森严的体制下，人与人之间往往是非常有疏离感的，这时候乐舞就起到了缓和与润滑的作用。这也就是《礼记·乐记》中所说的"乐者为同，礼者为异。同则相亲，异则相敬。乐胜则流，礼胜则离"。礼乐虽然在周代之前就已经存在了，但毫无疑问，这种制度到了周公的时代才汇集成制度并成为一种约定俗成的社会习俗。孔子曾深情地说："周监于二代，郁郁乎文哉！吾从周。"他认为正是因为人们满足于自己的位置，不试图"僭越"自己所在的职业分工和职责岗位，安分守己，所以才能天下太平。如果士想当卿，卿想当诸侯，诸侯想当天子，那么就会导致天下大乱，以至于春秋战国时期"礼崩乐坏"，人民都沉陷在战争和贫困的痛苦当中。

音乐是君子文化内涵中关于修身养性、志趣高洁的"六艺"载体之一，更包含了儒家所希冀的"天下大同"社会理想。虽然我们常常听到"汉承秦制"的说法，但这种继承更多的是法家高效行政体系与儒、道两家结合的形式——儒家对中国古代精神世界的构建，再辅以道家"顺其自然"的平衡理念，使汉代甚至成了当代学者所称赞的"现代国家的典范"。

礼乐背后的社会深意已成过往，但当我们在博物馆里看到这枚小小的瑟枘时，兴许还能回味起那个鼓乐齐鸣的动人年代。

盛世乐舞团

——陶绕襟衣舞俑组

穿越千年的汉代舞乐

公元前202年，刘邦称帝，以"汉"为国号开启了中国历史中的文明盛世。在长达二百多年的西汉历史里，由于国家的稳定和经济的繁荣，艺术和娱乐得到了很大的发展。其中有一种艺术活动必不可少，那就是舞蹈！上至王公贵族，下至黎民百姓，都是舞蹈的"狂热粉丝"，也因此诞生了种类丰富的舞蹈艺术和舞技高超的舞蹈家们。

该如何记录下这些舞蹈艺术家们的动人舞姿呢？走进徐州博物馆，一组出土于驮篮山楚王墓中的乐舞俑为我们复原了千年前的汉代乐舞盛宴。

这是一组由八件舞俑和十件乐俑组成的复原乐舞场景。不仅有正在跳舞的舞者，还有正在演奏的乐手。看着这些被定格千年的动态"乐舞团"，仿佛下一秒乐声就会从乐器里缓缓响起，身姿轻盈的舞者此刻正在轻快地转身、抬袖。

乐舞团中的"C 位"们

在这些乐舞俑中，肢体语言最为舒展的就要数这一位绕襟衣舞

陶俑组　西汉
江苏徐州驮篮山西汉楚王墓出土
徐州博物馆藏

俑了！面容清秀的舞蹈家此刻正举着双臂，身体呈现出优美的"S"形造型。摇曳的裙摆，飘逸的衣袖向身后飘下，不盈一握的细腰，都让这位舞蹈家的舞姿看上去动感十足。细观舞者的衣袖，你会发现她的衣袖很长而且宽大，在垂下时手不外露。

　　当我们的目光从这位翩然起舞的舞者身上挪开，在她的身旁我们看到了另一个人俑——曲裾衣舞俑。与正在舞动的舞者不同的是，这位舞者的上体前倾，左臂自然垂于身体一侧，右臂高高上举，长长的衣袖如瀑布般垂落，双腿微微前曲，就好似舞蹈结束后的施礼动作一般。

　　古代的艺术家将舞者舞姿最精彩的一瞬定格制成俑，即使时隔千年，人们也能从陶俑中感受到汉代舞蹈的动态之美。

陶绕襟衣舞俑　西汉
宽42厘米，高45厘米
江苏徐州驮篮山西汉楚王墓出土
徐州博物馆藏

陶曲裾衣舞俑　西汉
宽22厘米，高47厘米
江苏徐州驮篮山西汉楚王墓出土
徐州博物馆藏

车马乐舞汉画像石
江苏徐州沛县栖山汉墓出土

舞蹈中的"长袖"之姿

古人挥袖而舞的舞蹈形式历史久远。在西周王室成员和贵族子弟常常阅读的舞蹈书籍《六小舞》中就曾出现了"以手袖为威仪"、舞者不拿舞具、徒手而舞的袖舞。有人说，这样的舞蹈是模仿了鸟儿的动作。传说，古代的人们崇拜鸟儿可以飞翔，希望自己也能够拥有一对翱翔天际的翅膀，人们通过加长服饰中的衣袖来模仿鸟儿的双翼，似乎通过舞动而起的长袖，就可以获得与上天沟通的能力，拉近人与天的距离。长袖的出现，延伸了舞蹈中的弧线形动作。古代的舞者在舞动时，那翻飞的长袖随着优美的旋律在空中划出轻盈的弧线，让整个动作更显柔美。

"罗衣从风，长袖交横，骆驿飞散，飒擖合并。"汉舞的忠实粉丝、文学家傅毅在他的文学作品《舞赋》中不吝溢美之词地描写了这种长袖舞蹈的精彩画面。在傅毅的笔下，跳舞的舞者身着轻柔的罗衣，随着风飘扬，长长的袖子，不时地左右交横，飞腾的舞步络绎不停，柔软的身姿随着乐曲不断旋转，舞姿优美，画面极其生动。

除了独舞之外，汉代的舞蹈艺术家们在编排舞蹈时，还常常会设计双人舞。在徐州沛县出土的乐舞画像石上，人们就清晰地定格下了双人袖舞的舞姿。当两位舞者一起进行舞蹈时，无疑又增加了相互配合的难度。只见画面中两位高髻细腰的舞者此刻正双双弯腰甩袖，一人身体左转，一人身体右转，两人的长袖仿佛在空中划出一道彩虹，堪称汉代长袖双人舞的经典之作。

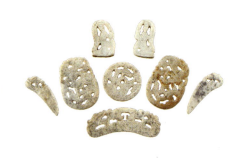

匈奴石佩件
内蒙古准格尔旗西沟畔墓出土

其实，这种长袖轻舞之风不仅在中原地区备受舞者推崇，根据记载，早在汉代以前的春秋战国时期，这种袖舞之风就曾吹到过北方的匈奴之地。考古工作者们在内蒙古准格尔旗布尔陶亥乡西沟畔战国墓发掘出土的匈奴石配件上发现了两位跳着袖舞的舞者。她们头戴花冠，腰间系带，屈跪在地上，正做长袖绕身之舞。这样的舞者为春秋战国时期南北方乐舞的交流提供了有力的证明。

严苛管理身材的艺术家们

当然，舞蹈艺术家们想要表演一段他们所认为的完美舞蹈，仅仅身着长袖之衣也是远远不够的，舞者还需要注重对自己身材的管理，尤其是腰这个部分。在那时，与长袖舞相配的还有舞者的"细腰"。

汉代大臣崔骃在《七依》赋中曾说："表飞縠之长袖，舞细腰以抑扬。"我们都知道腰这个部位是人身体中最重要的连接部分，人的很多动作和活动都需要腰部来进行支撑。在舞蹈中，腰部对于舞蹈的姿势与形态更是起着至关重要的作用。腰可以使舞者们做到向前俯压、向后倾折、左右扭摆等多种舞蹈姿态。试想，如果画面中的这位舞者腰要是很粗，那么在跳舞的时候还能呈现出优美的"S"形曲线么？看来，想要成为一位合格的汉代舞蹈艺术家可真不是一件容易的事情啊！

汉代著名的舞蹈家

在如此尚舞的汉王朝，自然诞生了一批著名的舞蹈艺术家。据说，汉朝的开国皇帝汉高祖刘邦的爱妃戚夫人就善为翘袖折腰之舞。

西汉的历史小说《西京杂记》中说道：戚夫人擅长跳翘袖折腰的舞蹈，宫中的侍婢们都爱模仿。根据史料推测，戚夫人的舞蹈造诣已经可以达到即兴起舞的程度了。因为深得刘邦的宠爱，刘邦一直都想立戚夫人的儿子刘如意为太子，但一直未能如愿。当计划一而再再而三地失败后，戚夫人悲从中来。刘邦亲自唱起了"楚歌"，让戚夫人即兴跳起了舞蹈，这段悲痛、哀伤的舞蹈令两人都痛哭流涕，可见戚夫人出神入化的舞蹈水平。

汉武帝同样也有一位擅长跳舞的爱妃李夫人，李夫人的哥哥李延年擅长作曲，作出的曲子美妙动听。有一次他在汉武帝面前唱道："北方有佳人，绝世而独立。一顾倾人城，再顾倾人国。宁不知倾城与倾国，佳人难再得。"他形容的便是自己的妹妹。这让汉武帝对他妹妹产生了极大的兴趣，召见后，发现她果然"妙丽善舞"，马上册封为李夫人。李夫人家中世代都是乐工舞人，这样的出身在汉代很卑微，但是由于她从小就受过严格的舞蹈训练，加上长得十分美丽，终于得到了汉武帝的宠爱。

在汉代，王室和贵族的家中都有专门表演歌舞的艺人——女乐，有时也称为"歌舞者"，这些地位卑微的女舞者，为了能够在激烈的竞争中求得生存，需要接受严苛的训练，不断地提高舞蹈水平。以上提到的这些为我们所熟知的舞技高超的佳人们，都是因为得到当时统治者们的宠爱，跻身王室贵族而流传于世。但是，一定还有许许多多的舞蹈艺术家们消逝于历史长河中，没有留下名字，相信她们也都是很棒的吧！

"演奏"女俑组（吹奏陶俑、抚瑟陶俑、击磬陶俑）西汉

江苏徐州驮篮山西汉楚王墓出土

徐州博物馆藏

陶俑组手绘图

乐舞团中的"演奏家"

一位好的舞者离不开美妙的舞曲和诗赋，在汉代时期，王室与民间对舞蹈的推崇与热爱也促进了音乐的发展。

瞧，在这些舞俑的身后还有十件乐俑，她们席地而坐，有的抚瑟，有的击磬，有的吹奏，形成了一个完整而华丽的组合。可惜的是，由于多数乐器是使用竹木制作，早已腐朽不见，只剩下陶俑的生动形象，为我们展示当时的演奏之景。

《舞赋》中写道："兀动赴度，指顾应声。"人们常说，音乐是舞蹈的灵魂。在一段完整的舞蹈中，舞姿的律动性和音乐的节奏常常被紧密地联系在一起。舞者在跳舞的时候，无论是运动还是静止，不管是眼神等面部表情，还是手指动作等肢体语言，都需要紧跟着音乐的节奏而来。此刻，当人们将这组舞蹈家与演奏家摆放在一起同框而展，舞者们舞姿协调的律动之美，演奏者们专注的表情，使得画面立刻鲜活了起来。

古时候没有照片和录像，陶俑成为记录历史的一种方式，徐州驮篮山楚王墓出土的这组"乐舞演奏团"，生动地向人们再现了汉代王室的歌舞盛景。

汉代艺术
重生之梦

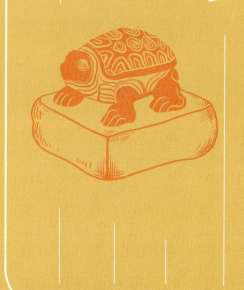

备受瞩目的中国玉棺

——镶玉漆棺

汉代楚王的掌权时代

漫长而浩大的楚汉之争，随着历史上那场著名的垓下之战终于落下了帷幕，西楚霸王项羽在刘邦的强势追击之下，眼见大势已去，于是在乌江（现安徽和县乌江镇）自刎而死。《汉书》中记载，在公元前202年正月的一天，汉王刘邦改封齐王韩信为楚王，建都在下邳，也就是现在的江苏省徐州市睢宁县古邳镇。次月汉王刘邦在韩信等人的拥护下于定陶的氾水北岸登基称帝。然而，韩信的楚王之路并没有想象中那般顺利，仅仅一年就被人以谋反之名告发被贬为淮阴侯。汉高祖刘邦为了维护统治的安定，决定册封他的兄弟和儿子们为同姓诸侯王，推行郡国并行制。这些被封授的人在自己的封国地域内拥有很大的权力，除太傅和丞相由中央任命之外，自御史大夫以下的各级官吏，都由诸侯王自己任命。他们管治着自己的封地，可以拥有自己的军队，掌握当地的财政。大约在汉高祖六年（公元前201年），韩信被废黜后，刘邦便将他的弟弟刘交封为楚元王，建都于彭城（现江苏徐州），自此拉开了他们权力仅次于皇帝的藩王国统治时代。

根据历史记载，在古彭城的这片土地上，汉代先后有20余位诸

镶玉漆棺　西汉
长280厘米，宽110厘米，高108厘米
江苏徐州狮子山楚王墓出土
徐州博物馆藏

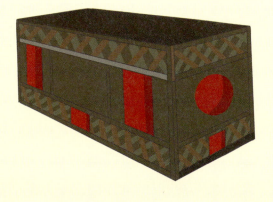

镶玉漆棺手绘图

侯王被分封至此。依照着汉代被册封者死后葬在封地的丧葬制度，这些历任楚王及其宗室子弟在死后大多都会被埋葬在彭城周围。如今，考古工作者们在徐州以及周边地区已经发现的汉墓多达几百座。然而，就在这些已经被发掘的十几座汉代王侯级墓葬中，人们竟然发现了一件就连史书中都鲜少被人提及的"镶玉漆棺"。

镶玉漆棺与严格的丧葬制度

这件从外表上看起来像是一个长方形大"玉箱"的文物便是我们所要寻找的镶玉漆棺。它整体由棺体、棺盖两部分组成，从里到外，在木质的底面上贴满了各种形状玉片。根据科学仪器的检测分析，这些玉棺上的玉片大多可能来自3500公里外的新疆玛纳斯河流域，色彩光洁莹润。

《说文解字》中说：棺，是一种可以闭合的，用以掩埋尸体的木盒。有时候，人们也会在棺的外面再套上一层更大的棺，而这层大棺则被人们称为椁。古人使用棺椁装殓逝者的历史十分久远，在位于河南省安阳市西北郊洹水北岸的侯家庄与武官村北的高地上，考古工作者们就曾在距今三千多年前的殷墟商王陵墓中发现了使用大木条叠压成方形或"亚"字形的椁室，椁的正中安放着商王棺。千里之外的古埃及新王朝的法老们也极尽奢华地使用数层金棺来安放自己的木乃伊，著名法老图坦卡蒙的木乃伊被发现时，就安放在重达114公斤、黄金制成的内棺里，外面还有两层装饰着金箔的外棺。

不过，这样的棺椁也不是随意可以

安阳殷墟"亚"字形大墓示意图

使用的。中国汉代哲学家董仲舒曾在其著作《春秋繁露》中写道："生有轩冕、服位、贵禄、田宅之分，死有棺椁、绞衾、圹袭之度。"生者有分，死者有度。棺椁作为显示着逝者地位的象征，早在周代时期，便有着明确的使用规定："天子棺椁七重，诸侯五重，大夫三重，士再重。"而庶人则无椁。在那时，只有社会地位高的人在亡故之后才能在棺外套棺，也就是使用棺椁，而普通人只能使用一层棺来下葬。虽然在此后的朝代中人们对棺椁的使用规格规定多有变化，但是在等级制度上依然有着明确的区分。

民俗故事中的神奇玉棺

在中国的丧葬文化里，关于棺椁的记载数不胜数，但是对于"玉棺"的描述在史书中却是少之又少。东汉时期的一本民俗著作中，曾经记录过这样一个故事：传说，在河南叶县有一名叫王乔的县令，由于为政清明，很受当地老百姓的称颂。不过，这个王乔可不是一位普通人，据说他十分精通神术。

有一天，在叶县的县衙门前，突然凭空降下了一具玉棺，这个玉棺非常重，即使来了十几个人去推、去抬，玉棺都纹丝不动。此时，王乔对身边的人说："看来我离开得太久了，天帝要召我返回天上了！等我躺进棺里，到午夜时分，你们就把玉棺抬到城门的东边，就地掩埋即可！"说罢，王乔便沐浴更衣，躺进玉棺中，玉棺的棺盖自动合上。王乔的属下按照他的指示，将玉棺埋葬在了城东，霎时间雷鸣电闪，玉棺周围的泥土随着大风，竟然自动堆积成了一个坟墓。

故事里的"玉棺"从天而降，重达千斤。在作者的笔下，更是把玉棺写作成了一件可以使人灵魂升天的重要通道。

生老病死是一个人的必经阶段。在人类漫漫的历史长河中，有很长一段时间里，古代的先民们曾怀着对未知事物的崇拜与幻想，朴素地认为，当一个人去世以后，他的灵魂会去往另一个世界，在那里还可以像生者一样生活，所以他们也要准备好像生前一样的所需用品。尤其是皇室贵族，他们在生前享尽荣华富贵，在死后也依然希望自己在另一个"幻想"中的世界里继续享受到现在的生活。他们为父母、为家人、为自己建造起一座座豪华的陵寝，使用奢华贵重的棺和椁，在墓葬中放入丰厚的陪葬物品。皇室贵族们的做法影响了民间的丧葬习俗，各个地区、各个阶层也纷纷效仿，厚葬之风渐盛，在汉代达到了巅峰。

神秘楚王的陵寝

究竟在这具镶玉漆棺内被安置着的是哪位逝者呢？据考古工作者们的叙述，关于玉棺的发掘出土还有着一段颇具传奇色彩的故事。

让我们把时间倒回到1984年12月的一天，生活在徐州狮子山的村民们正在挖土修路，正当大家挥起工具不断挖掘的时候，土坑里竟然冒出了一些奇怪的陶制"小人头"。这些究竟是什么东西？会不会是一些文物呢？周围的村民纷纷研究着、猜想着。在场的相关工作者也立刻将这一发现汇报给了徐州市博物馆。博物馆的考古工作者们赶到现场之后，随着不断地深入发掘，在这片土坑里发掘出了4000余件西汉时期的兵马俑。

当这些"汉代铁骑"们出现在大众面前的时候，敏锐的考古工作者们在欣喜之余，也把探究的目光投向了出土兵马俑的这片土地。也许这些兵马俑不是孤立的，能使用如此数量庞大且精美的兵马俑作为

发掘出土的兵马俑　西汉
江苏徐州狮子山出土
徐州汉兵马俑博物馆藏

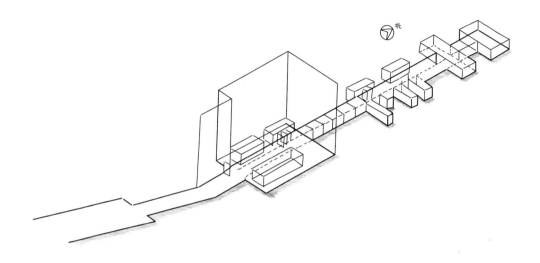

狮子山楚王陵透视图

　　陪葬品，此墓的墓主身份绝对不简单！或许在这附近，还埋藏着这些兵马俑主人的墓葬！当时，考古工作者们或许也是带着这样的疑问思考着，不断地寻找着，却又不断地让大家失望着。人们将出土兵马俑坑周围几十里的地方都翻了个底朝天，仍是一无所获。

　　这些兵马俑的主人究竟在哪里呢？这个问题萦绕在考古工作者们的心里许多年。当考古工作者们再次将视线聚焦在这些兵马俑身上时，忽然又有了新的发现，这些兵俑排列散乱，而大多数的马俑更是没有被组装起来，成堆的马头、马腿和马耳朵也是被胡乱地堆在一起，就像是一场未完成且仓促的埋葬。显然这里不是最终墓葬。是不是应该再扩大一些寻找的范围呢？功夫不负有心人，终于在1991年，考古学家们经过艰辛的调查和探测，在离兵马俑坑30多公里的地方确定了陵墓的位置，并于1994年得到了国家文物局的正式批准，开始了新一轮的发掘工作，踏进了这条被封闭了两千多年的墓道。

　　凿山为藏，工程浩大，就在考古工作者们正感慨着这项伟大工程的时候，映

徐州狮子山镶玉漆棺出土时的状态

入眼帘的景象又一次震惊了大家。当人们使用起重机吊起墓口用来封闭的塞石的时候，考古工作者发现了盗墓的迹象：在石头的边缝中竟然散落着无数个玉片，有的玉片上还残留着些许金丝。墓葬中，散落遍地的文物，仿佛在无声地控诉着那些前来侵扰的盗墓贼。

但即便如此，被劫后的珍宝也依然数不胜数。除了有透着莹润光泽的玉杯，大量的玉器、金器、青铜器、兵器等之外，还有被蛮力撬砸损毁的棺椁。这些盗墓贼翻动了棺内的陪葬品，盗走了珍宝后还放火烧了棺木，棺木上的玉片散落各处，场面一片狼藉。

极具挑战的修复工作

被撬砸、被火烧、散落遍地的墨绿色玉片就是这件镶玉漆棺出土时的真实模样。经过考古人员的搜集整理，这些玉片形状有三角形、菱形、长方形、正方形、

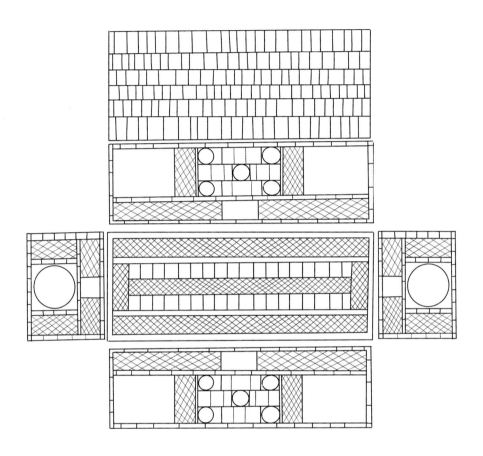

镶玉漆棺平面展开图

窄长方形、弧形等各异的造型。面对着眼前这些损毁零散的残片，如何修复这件"面目全非"的玉棺也就成了修复工作者们必须要攻克的难题。负责文物修复的工作者们根据被破坏后的镶玉漆棺部分残存的镶贴玉片组合和发掘现场的实际情况，认真仔细地对它进行了修复，这才有了如今我们所看到的镶玉漆棺相对完整的模样。

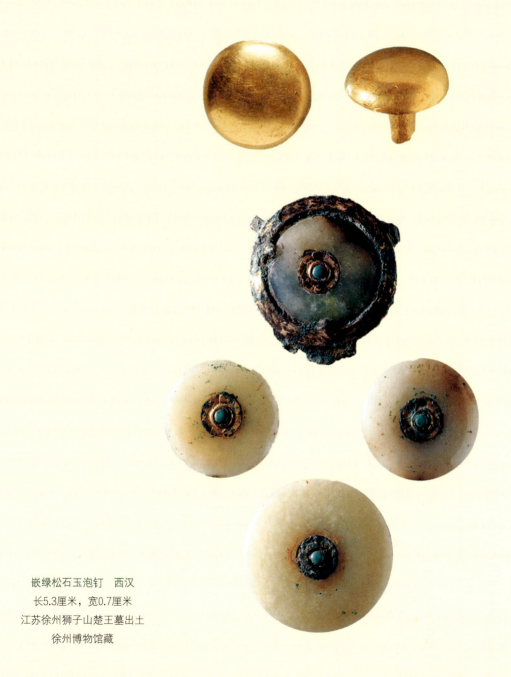

嵌绿松石玉泡钉　西汉
长5.3厘米，宽0.7厘米
江苏徐州狮子山楚王墓出土
徐州博物馆藏

　　复原后的镶玉漆棺，实际使用玉片的总数高达2095片，各种形状的玉片在木质的漆棺上紧密有序地排列出不同的图案，当我们的视线聚焦在玉棺的侧面，相信你一定会被五个由圆形玉璧的玉板组成的图案所吸引，它们如同星芒一般整齐且对称地排列在中间。有的学者说这样的五个玉璧图案与东汉画像石中五星连珠的画面极其相似，或许正是东汉文学家班固在《汉书·律历志上》中所载的那句"日月如合璧，五星如连珠"的祥瑞之兆吧。除此之外，在玉片中还镶嵌有许多大小不一、克重不同的黄金铆钉、镶绿松石铆钉、贴金箔玉铆钉等，它们被镶嵌在玉板之间，让整个玉棺看上去极具奢华。根据资料，这副镶玉漆棺是目前全国出土体积最大、质地最好的一具。

　　我们知道，在汉代玉衣和玉棺都是规格极高的丧葬用具。在这个墓葬中，能够同时出土玉衣和玉棺，当真是十分罕见。考古资料显示，这种玉衣和玉棺的"搭配组合"在全国现已被发掘的汉代墓葬中，仅在江苏盱眙大云山汉墓和河北保定满城汉墓中出现过。而这两座墓的主人身份也无比尊贵，一位是汉武帝刘彻的哥哥西汉江都王刘非，另一位也是汉武帝刘彻的哥哥中山靖王刘胜。

　　虽然考古工作者们在徐州狮子山汉墓中并没有发现能够确定其主人身份的决定性物品，但是根据墓葬形制及诸多出土文物推测，想来这个墓主人的身份也是极其尊贵的，很可能是西汉时期某位"王"级别的"大人物"！墓主的身份成了一个不解之谜。

汉代楚王的"身份证"

——"刘注"银印

屡遭盗掘的龟山汉墓

徐州鼓楼区九里山北边有一座不算高的山，或许是因为远看像一只趴着的乌龟，所以人们给它起名为龟山。然而就是在这座其貌不扬的小山里面，却埋葬着一位"大人物"。

1981年的一天，居住在龟山附近的村民开山采石的时候意外发

龟山汉墓图景

龟山汉墓中发现的王莽时期钱币"货泉"

现了一个很深的墓道，人们怀疑这里或许有一座古墓。村民们立刻把这个消息报告给了有关部门，考古工作者们随后展开了发掘，发现这竟是一座被多次盗掘的西汉时期墓葬。工作人员在墓道填土中发现了两件其他时期的物品，一件是王莽时期流通的钱币，另一件则是魏晋南北朝时期的青瓷碟。因此推测，此墓也许在新莽时期和魏晋南北朝的时候就被盗墓贼偷掘过。

这究竟是谁的墓葬，竟引得盗墓者频频光顾呢？虽然散落在墓室和墓道中的随葬物品有很多，却没有一件物品能证明墓主人的身份，此时的考古工作者们当真是一筹莫展啊！他们只能在一些钱币上摸索求证着一些时代信息，也许是第六代楚王刘注或第七代楚王刘纯？

直到一枚小小的印章出现在众人眼前，人们才找到答案。

第六代楚王身份大揭秘

这是一枚重约39克的方形银印，小小方形印台上有一只龟钮，只见它正昂首挺立，仿佛在张望着前方。仔细瞧，在它的龟壳上和腹部都装饰着漂亮的花纹。

"刘注"龟钮银印　西汉

通高1.7厘米，钮高1厘米，印面边长2.1厘米

江苏徐州龟山汉墓出土

徐州博物馆藏

早在红山、凌家滩等新石器时代文化时期，古人就对龟这种动物十分崇拜，他们认为龟是一种有灵气且长寿的动物。西汉礼学家戴圣所编《礼记·礼运》中的"四灵"——龙、凤、龟、麒麟——里，龟也是唯一一个自然界真实存在的物种，足见人们对这种动物的重视与喜爱。

将印章翻转过来，就可以发现在印面上用小篆刻着"刘注"两个字的印文。正是这两个字的出现，证实了墓主人身份，他就是楚元王刘交的曾孙，第六代楚王刘注!《汉书·楚元王传》中说，汉景帝在平定了吴楚七国之乱以后，便封刘礼为楚文王，他儿子刘道继位成了楚安王。而刘道去世以后，他的儿子刘注继位成了楚襄王。后来，清代的史家夏燮在《校汉书八表》中推测了刘注在位时间为12年。

这枚印章究竟从何而来呢？为什么考古工作者们一开始在清理墓葬的时候没有看到它呢？

关于它的来历，一直流传着好几个版本。其中有一种说法流传甚广，当年发掘龟山汉墓的时候，因为里面很黑，于是找了一位电工在墓室内布线照明。这位电工在工作时，有一段墓道特别狭窄，于是他就趴下身子匍匐前行，到半途的时候忽然感觉身下有一个硬物，随手就拾起来放在自己的口袋里了。直到有一天，他和朋友在理发时聊起了龟山汉墓的主人，和朋友抬杠说："龟山汉墓肯定是刘注的，我有他的印!"这时人们才得知这枚龟钮银印的下落。

不管这枚印章的"回家之路"究竟是怎样的，不可否认的是，它的出现为学界证实龟山汉墓的时代和墓主身份提供了有力的证据。

汉代官印的使用制度

刘熙在《释名》中解释说："印者，信也。"在汉代，人们在官印的铸制上有着明确的使用制度。古人根据级别不同，在名称上有"玺""印"和"章"之分，在材料的使用上也有玉、金、银、铜等区别，就连官印上的不同钮形也代表着不同的官阶。西汉学者卫宏在《汉旧仪》和《汉旧仪补》中有记载：皇帝使用玉螭虎钮，皇后使用金螭虎钮，诸侯王使用金橐驼钮，列侯、丞相、太尉、大将军使用金龟钮，等等。1994年，考古工作者们在徐州簸箕山发掘出土了一枚龟钮金印，这枚金印的主人就是被汉景帝刘启封为宛朐侯的刘埶。

当然也有一些例外，例如在广州解放北路的象岗山就曾出土过西汉南越王赵眜的龙钮金印，上面刻着"文帝行玺"四个字，因为这个皇帝是自封的。

与严苛的官印使用制度相比，私印就大不相同了，人们可以根据自己的喜好进行制作。根据专家们的推测，这件银质龟钮印章上面只刻有"刘注"两个字，应是楚襄王刘注的私印。在全国各地出土的印章中，我们会发现，汉朝的帝王颁赐给这些诸侯王、列侯和外藩首领的金印，在其死后作为身份的象征，也常常会随葬在墓中。也许在楚襄王刘注的陵墓中曾经也埋藏过皇帝给他颁赐的金印，只是在频繁的盗掘中丢失了。但是为什么盗墓者只盗走了金印，却未曾对这枚龟钮银印心生歹意，着实成了一个未解之谜。

楚王刘注的"此地无银三百两"

其实，楚襄王刘注在陵墓"防盗"这件事上也曾是煞费苦心地安排过相关"措施"的。

在龟山汉墓的入口外，有一块名叫"第百上石"的石块，这是封墓石中的一块。仔细查看，在这块"神奇"的石头上赫然刻着这样一段话："楚古尸王，通于天述，葬棺椁，不布瓦鼎盛器，令群臣已葬去服，毋金玉器，后世贤大夫幸视此书，目此也，仁者悲之。"这是刘注写给后人的一封"特殊信件"，大概的意思是，虽然我是一位楚王，但我敢对天发誓，在这个墓中没有放置华贵的服饰、值钱的金银玉器，只埋了我的棺木及尸骨，当你看这段文字时，心里一定会为我悲伤，也就不会再打我墓穴的主意了。

"宛朐侯埶"龟钮金印　西汉
通高2.1厘米，钮高1.45厘米，印面边长2.3厘米
江苏徐州簸箕山汉墓出土
徐州博物馆藏

"文帝行玺"龙钮金印　西汉
广东广州象岗山南越王墓出土
广州南越王博物院藏

　　这段看起来"可怜巴巴"又令人捧腹的言语，是不是颇有些"此地无银三百两"的意思？然而，刘注的美好愿望并没有实现，在他被安葬后的数百年里，盗墓者频频"来访"。如此看来，这意味深长的墓志铭也就"形同虚设"了。

楚王墓甬道的笔直程度震惊世人

　　在龟山汉墓，除了能证实墓主人身份且来之不易的龟钮银印和出土的那些文物之外，最让人震惊的还要数这座墓葬的建筑本身。这是一座在山中被开凿出来的汉墓，总面积达到700余平方米。虽然在开凿时几乎掏空了这座山，但是整个山形地势却没有因此受到任何影响。

　　当人们沿着长长的、漆黑的甬道走进去，甬道内上下两层的塞石接缝严密，两层巨石之间甚至连一枚五分钱硬币都塞不进去。甬道的内壁、顶部和地面被古代的工匠打磨得非常光滑。抬起头，你会发现工作人员贴心地在甬道内照射了一

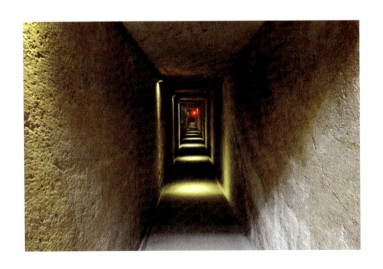

楚王墓甬道

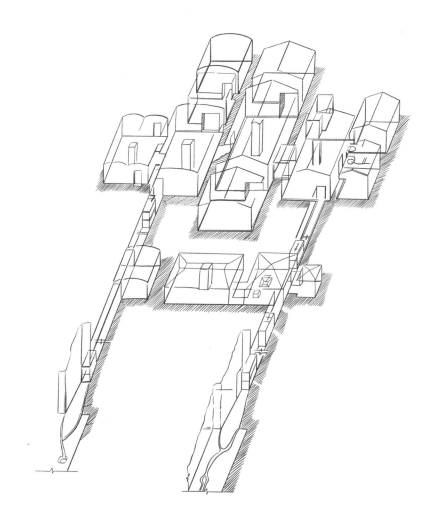

龟山汉墓透视图

条红色激光线，用来展示甬道的笔直程度。

　　通过墓葬的地形图与实地察看后你便会发现，在这个墓葬中，有南北两条相隔19米的甬道，它们由东向西笔直地延伸。当人们使用现代的激光工具进行测量时，惊讶地发现两条甬道之间的夹角仅为20秒。20秒是什么概念呢？我们可以来进行一个换算，1度等于60分，1分等于60秒。所以这20秒就大约相当于是千分之五度！可以说这两条南北相隔的甬道基本上是方向一致的。如果一定要计算这个误差，这就意味着，如果把这里作为一个起点，当两条甬道无限延伸，大约需要在200公里左右才能相交。如此精密的测量设计，在两千多年前的汉代，古人究竟是怎么做到的，也一直是个未解之谜。

从甬道到主墓区，另一个世界随即进入眼帘。刘注的地宫中一共建造了15间墓室，除了他与夫人的棺室及前厅外，还分别设有马厩、车马室、歌舞器乐室、厨房、水井、兵器库，就连厕所也被打造得十分高端！这里不仅设置了蹲坑、靠背、踏板，还安装了扶手，十分讲究。整座墓室被设计得井然有序，分明就像是一个巨大而周全的生活起居所。

《晋书》里记载，汉朝皇帝继位一年，就要开始为自己修建陵墓，在此期间，国家的赋税一共分为三份，其中一份就要放入陵墓中陪葬。如此上行下效，汉代的厚葬之风也十分盛行。楚襄王刘注在位短短十余年就能拥有如此壮观的陵寝，我们不得不惊叹于当时人力物力的投入，以及营造者的智慧与技艺。

神秘楚王的永生幻术

——金缕玉衣

曾被盗扰的楚王陵寝

人们常说"人靠衣装马靠鞍"，那古代逝者又该如何彰显自己的身份地位呢？修建一座气派的陵墓，或为自己打造一副极其华丽的棺椁，还是在陵墓中放入丰富的陪葬品？这些当然都是。但汉代的丧葬习俗中还有一件让人们不可忽视的重要物品，那便是皇室贵胄们用来体现自己身份等级的重要葬服——金缕玉衣。

还记得另一个故事中我们看到的镶玉漆棺吗？相信你一定还记得考古学家们在那座藏于山中、曾被盗掘过的神秘楚王陵寝里进行发掘的场景。那些被盗墓者掠抢之后散落满地的文物中，除了有镶玉漆棺上的玉棺片，还有许多被抽去了金丝的玉衣片。

由于徐州狮子山楚王陵的这件玉衣出土时散乱严重，被抽去金丝的玉片散布在内墓道的塞石上或掉落在夹缝中，还有不少玉片甚至在抽去金丝时被损坏。文物修复者们只能一点一点地清理陵寝内的泥土，寻找这些四角带有小孔的玉衣片，一片、两片、三片……最后找到足足四千余片。被清理后的玉衣片呈现出半透明的状态，看上去温润光泽，在个别的玉片小孔中，还残留着未被盗墓者完全抽去的金丝残迹。

也许，猖獗的盗墓者并不想留下这些玉衣片与其他未被带走的精美玉器，他们也曾想将这里洗劫一空。但究竟是何原因使他们没有这样做，或许只能从这些留下的文物中寻找蛛丝马迹。我们都知道，黄金和白银这样的金属类器物在经过一定的高温加热后便可以熔化，很容易被工匠们重新制作成新的器物，不易被人认出。玉石却不能重铸，如果将这些玉器带出去变卖，极有可能会成为暴露盗墓者身份的重要罪证。或许正是有了这样的顾虑，这些疯狂的盗墓者们才会在潜入陵寝之后，破坏了玉棺，撬走棺上的金饰，将身穿金缕玉衣的楚王遗体拖至墓室门口，疯狂地拆卸着上面的金丝，只留下这满地的玉片和楚王的骸骨，无声地诉说着他们的抢掠行径。

做工繁复的金缕玉衣

考古工作者们和医学专家根据墓中所发现的骸骨，复原了这位两千多年前的楚王形象。他的身高大约1.75米，身材魁梧，体格健壮，面部棱角分明……虽然至今也无法得知他的具体身份，但凭着现代的技术，也可以大致了解他的模样。

2011年，徐州博物馆的文物修复工作者们根据楚王的复原信息成功地将这些玉衣片进行了修复与还原，复原之后的金缕玉衣由头套、前胸、后背、左右袖

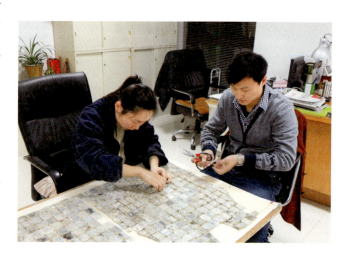

文保部门工作者正在修复玉衣

金缕玉衣　西汉
长175厘米，宽68厘米
江苏徐州狮子山楚王墓出土
徐州博物馆藏

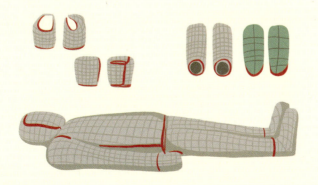

金缕玉衣手绘图

筒、左右裤管等十多个部件组成。组合在一起之后，从外观上看起来和人体的形状基本一样，玉片从头到脚可以将逝者包裹得非常严实。

在《西京杂记》中曾有过这样的记载，汉代的帝王们在下葬时都会穿上一种叫作珠襦玉匣的葬服，形状如同铠甲，使用金丝进行穿连。这种玉匣也就是我们常说的金缕玉衣。

距今两千多年以前的汉代，想要制作一件精美的"金缕玉衣"可绝非一件易事。玉衣的选材决定了质量。古代的工匠们从遥远的新疆或者其他盛产玉石的地方运来质地上乘的玉料作为"缝制"金缕玉衣的主要材料。为了能使制作出来的玉衣更好地贴合人体的比例结构，他们需要先进行严谨且精密的设计和与之相匹配的玉石切割，然后将设计好的玉石加工成一定比例大小和形状的玉片。这些数以千计的小玉片经过仔细的打磨和钻孔，每一片看起来都平整光亮，上面的小孔直径细至毫米。当玉片制好后，他们会使用结实又柔软的金丝将玉片一一对应编缀、缝合连接在一起。最后，还要用丝物在玉衣的内部加入里衬，在玉衣的边缘处进行包裹缝合，从而看起来既整齐又美观。直至此时，一件完整的金缕玉衣才算是制作完成。相传，为了让金缕玉衣更好看，这些能工巧匠们还曾在汉武帝刘彻的金缕玉衣片上雕刻蛟、龙、鸾、凤、龟、麟等祥瑞图案进行装饰。

据说，那时的工匠们为了制作出一件能够让皇室贵胄们满意又合体的玉衣，从选材制作到完成，不仅需要花费大量时间，所用的金丝量换算过来也是极其昂贵的。或许正是因为制作金缕玉衣需要"量身定制"的特殊性，在全国各地出土的众多金缕玉衣中，人们意外地发现中山靖王刘胜居然是一个胖子，他的定制玉衣有些奇特之处。只见这件贴合了中山靖王刘胜身形所制作的金缕玉衣肩宽胸阔、四肢粗壮，胸部和腹部可以明显地看到突出鼓起的形状。一个富态翩翩、有着"啤酒肚"的男子形象立刻浮现于眼前，身材特点暴露得十分明显。

银缕玉衣　西汉
长181厘米，肩宽73厘米
江苏徐州火山汉墓出土
徐州博物馆藏

刘胜金缕玉衣　西汉
河北满城县陵山中山靖王陵出土
河北博物院藏

金缕玉衣的使用制度

除了金缕玉衣之外，在全国出土的玉衣中，我们还能看到银缕玉衣和铜缕玉衣等。玉衣，作为古代皇室贵胄逝后身份和地位等级的象征，并不是人人都能穿着它下葬的。虽然在西汉时期并没有明确的使用规定，但是在之后的东汉时期，玉衣葬制便已逐渐完善，有了严格的使用制度和详细的记载。《后汉书·礼仪志》中说，只有帝王在死后可以使用金缕玉衣，而诸侯王、列侯始封、贵人、公主使用银缕玉衣，大贵人、长公主使用铜缕玉衣。除了皇室贵族之外，如果有大臣对朝廷做出突出贡献，得到了皇帝的赏赐，这些功臣在逝后也能身着玉衣下葬。但是如果越级使用或不该用而偷用，则属僭越，将受到严厉处罚。

《后汉书·朱穆传》里讲过这样一个故事：相传，在汉桓帝时有一位名为赵忠的宦官，他在父亲死后，偷偷地使用"玉匣"为其父入葬。但是这件事很快就被刺史朱穆发现，并按照法律对其做出"发墓剖棺，陈尸出之，而收其家属"的严厉惩罚。也就是在如此严刑酷律的维护下，玉衣葬制进入严格规范的轨道，成为统治阶级的"特属"殓服。

金缕玉衣中的"永生"期望

古代的帝王及皇室贵胄们渴望长生不老，深信灵魂不灭。他们想要一直执掌政权和享受富贵荣华。但是人的一生总有终结的一天，该怎么让自己逝后的尸身不腐呢？似乎使用玉石成了最佳之选。

古人爱玉、佩玉，古代的葬玉制度也由来已久。先民们认为这种温润而有光泽的石头凝聚了天地之精华，可以作为帮助人类与天地神祇进行沟通的媒介和信物。他们将充满了"灵性"的玉石制作成了玉璧、玉琮、玉圭、玉琥、玉璋、玉璜这六种用于祭祀天地四方的礼器。他们还曾幻想，也许这种玉石能够使死去之人的身体千年不朽，可以飞登升仙。所以当一位身份显贵之人在咽下最后一口气

玉面罩　西汉
高22.5厘米，宽24.5厘米
江苏徐州后楼山5号墓出土
徐州博物馆藏

玉九窍塞

江苏徐州狮子山楚王墓出土

徐州博物馆藏

之时，家人便会使用玉衣殓葬，还会在逝者的口中含入玉蝉，让逝者手握玉猪，将玉石装饰物摆满逝者周围，或是使用玉覆面盖在逝者的脸部。大量的玉器伴随着人们的美好期许被带入墓葬之中。

随着汉代厚葬之风大盛，皇室贵胄们为了永生更是费尽心机。在丧葬中，他们逐渐开始将玉的使用范围扩大到全身，使用玉石制成玉衣穿在身上，或以玉石饰装满整个棺材。甚至还几近痴迷地相信，当人逝去之后，只要金玉在九窍，便可以让逝者尸身不朽。那时的人们认为只要将人身上所有的"通气孔"都用玉石封住，就能够防止精气外泄。于是，便将玉石放入逝者身体上的眼、耳、鼻等九窍之中，再用玉衣将逝者的身体严严实实地包裹住，然后安放在贴满了玉片的棺中，这样便可让精气长存、尸身不腐，就像是"玉蛹"一般，盼望着在某一天可以破茧而出，羽化成仙。

玉石被赋予了永生不朽的美好愿望，当汉代的厚葬之风遇上他们认为可以与"天地同寿"的玉石，就出现了一系列高规格的丧葬用品。为了能更好地制作它们，汉代的掌权者还为此设立了一个专门为皇室主办丧事、筹备丧礼的机构"东园"。这些任职在"东园"的工匠不仅要为皇室制造棺椁、金缕玉衣、黄纸、赤黄色的丝织品等一些丧葬用具，还要在重要的丧礼中负责引导流程，参与整个下葬活动。

很可惜，再美好的幻想也终化成泡影。这样的厚葬之风和用金缕玉衣、银缕玉衣或是铜缕玉衣制作而成的葬服及诸多葬品，不仅没有实现王侯贵族们保持尸骨不腐的心愿，反而招来觊觎随葬宝物的盗墓者，令尸身惨遭厄运，许多汉代王室陵寝也往往因此而多次被盗掘损毁。

根据《三国志·魏志·文帝纪》记载，三国时期，当曹魏政权取代大汉王朝之后，鉴于盗墓者"烧取玉匣金缕，骸骨并尽"的前车之鉴，公元222年，魏文帝曹丕的一道《终制》禁令宣告了延续四百多年的玉衣葬礼制度的终止。自此，在往后历史的漫漫长河中，人们便再也没有看到过玉衣的身影。

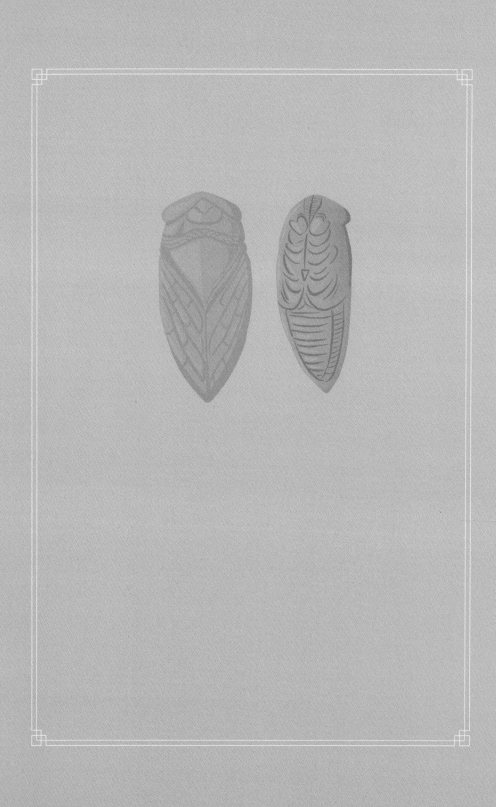

重生与高洁的象征

——玉蝉

夏日炎炎，蝉鸣阵阵，在许多文学作品中都能看到人们临窗听蝉语的记述，《诗经·豳风·七月》中曾言："四月秀葽，五月鸣蜩。"《诗经·大雅·荡》中曾道："如蜩如螗，如沸如羹。"蜩、螗，皆为蝉也。在古代的诗歌里，四月份的草长得十分茂盛，五月份便可以听到蝉鸣，它如沸水般拨扰着人们的思绪。是啊！蝉，是夏天里不可缺少的一部分。

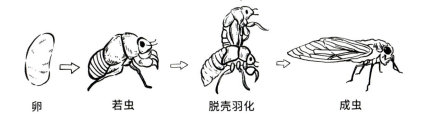

卵　　　　　若虫　　　　　脱壳羽化　　　　　成虫

蝉的生长过程

对于蝉鸣的印象如此深刻，不知你有没有特别观察过蝉的生长过程呢？有个成语叫作"蝉不知雪"。蝉，夏季而生，秋天而逝，看不到冬天的雪。虽然生命非常短暂，但是它们的一生却非常传奇。

蝉的一生大致分为两个阶段，一段在地下，一段在树上。蝉的卵出生在树上，非常小，当从树上掉落到地面，便会寻找柔软的土壤钻进地下，以植物根茎汁液为食。就这样，它们在黑漆漆的地下生活三年、五年，甚至十多年……它们不骄不躁，努力成长，直到有一天破土而出，或许是凭着生存的本能爬到树上，抓紧树皮，褪去外壳，开始羽化的过程，"金蝉脱壳"之后迎接新生。这个过程是痛苦的，也是充满了风险的，如果一只蝉在它双翼展开过程中受到了干扰，那么它将面临终身残疾，也许再也无法飞行。新生后的蝉迎来了新的生活，它们站在树上吟唱，开始寻找属于它的另一半。也许是一周，也许是两周，它们就将逝去，生命短暂却精彩。

或许是因为感叹于蝉精彩的生命历程和神奇的成长特征，先民们心生敬畏，开始将蝉写进诗里，融在画中，铸刻在器物之上，还将玉石做成了蝉的模样。

高洁之蝉

在徐州博物馆展厅内就展示着一件使用玉石制作而成的蝉，这只被埋藏于地下的千年玉蝉同样"破土而出""羽化新生"，它玲珑剔透的造型，匠心独运的刀法，引来现代人的关注与赞叹。凸出的双目，微微上翘的尾巴，雕刻清晰的羽翼、蝉足和肚子，都让这只玉蝉看起来形体饱满、栩栩如生，正是因为工匠们高超的雕刻技艺，它看上去像极了一只正栖居于树上发出阵阵鸣声的活蝉。

由于这只蝉从头至尾有一系挂用的穿孔，所以考古工作者们认为它是一件可以用来佩戴的玉饰，它是墓主人生前的装饰品，死后用于陪葬。有种有趣的说法是，若将蝉系挂于腰间，便可以取谐音腰缠（蝉）万贯之意，若将蝉佩挂在胸前，也可以像脱壳后的鸣蝉一般，"不鸣则已，一鸣惊人"。

将蝉做成佩玉，实则代表了古人追求高洁之境。那栖于高枝又饮甘露而生的蝉，真是一种性情高雅的昆虫。唐代诗人虞世南曾作诗赋蝉："垂绥饮清露，流响出疏桐。居高声自远，非是藉秋风。"蝉低垂着触须，正在吮吸清露，它清脆的鸣

蝉形玉佩（正反面） 西汉
长4.4厘米，宽2.1厘米，厚0.88厘米
江苏徐州狮子山楚王墓出土
徐州博物馆藏

声，回荡于萧疏的梧桐林间。它栖息在高枝之上，可以傲视群虫，不用借助秋风，就可以将啼声传到很远的地方。诗歌中的蝉，多像一位从容不迫的君子啊！

司马迁也在《史记·屈原贾生列传》中用蝉来比喻楚国诗人屈原被小人构陷后的出淤泥而不染，文中写道："蝉蜕于浊秽，以浮游尘埃之外，不获世之滋垢。"屈原啊，他的行为刚正不阿，至死都不容于世，他远离浊水淤泥，就像蝉脱壳那样奋力摆脱污秽的环境，他不沾染尘世的污垢，保持着高洁的品德。

小小的昆虫，因其独特的成长习性，成了高尚清雅的重要象征。当它与冰清玉洁的美玉相结合，玉之光华增添了蝉之灵性，蝉又赋予了美玉更深沉的寓意。古人托物寓意，将玉蝉佩于身上，或饰在冠上，是地位和品格的外在显示。

重生之蝉

除了作为佩玉，玉蝉还可作为口中含玉。

在南京博物院中就藏有这样一件玉蝉，名为蝉琀。琀，即为口中含玉，是放在死者口中的玉器，在这里，蝉又寄托了古人羽化升仙的美好向往。在泥土中蛰

蝉琀　西汉晚期
江苏盱眙东阳城7号墓（东棺）出土
南京博物院藏

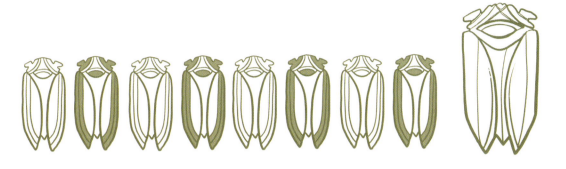

"汉八刀"手绘示意图

伏，于树枝上破蛹脱壳得以重生的蝉，它"重生"的力量令古人惊叹，也让他们想像蝉一样破茧重生啊！面对不可避免的死亡，这是人们最纯粹的愿景。

玉能寒尸，古人认为用玉石殓葬，可让尸身不朽。《周礼·天官·天府》中记载："大丧共（供）含玉。"说明在周代，就已出现在帝王去世后在其口中放入玉石的做法，古人将集山川之精华的美玉置于人的口中，认为这样便可使人的精气不会外泄，尸身不会腐烂。于是，玉与蝉的结合变得理所应当，将玉器雕刻成蝉形，这种蝉形玉琀在丧葬文化中很快便得到人们的重视，成为古人想象中可以让逝者羽化升仙的美好象征。

与徐州博物馆的蝉形玉佩相比，我们可以明显感受到南京博物院藏蝉形玉琀的造型更为简约，雕工更为简练，这种技法被人们称作"汉八刀"。所谓的"汉八刀"并非指只用八刀就将物体雕刻出来，而是指古代的玉匠们使用寥寥几刀就可将所雕物品的形态惟妙惟肖地表现出来，使用这种技法制作而成的作品线条平直有力，刀刀见锋，双翼形成明显的"八"字形，充分体现了一种简练的工艺风格。在这件蝉形玉琀身上，无论是突出的眼目和分明的嘴角，还是近乎对称的薄薄蝉翼，刚劲平直的线条和"斜坡"一般的雕刻技法，都让这件玉蝉的造型看起来无比简练，充满了简洁之美和雄浑气度。

汉代时期的人们不仅继承先秦楚人的浪漫精神，同时也拥有更为广大的胸襟，他们怀有"乘虚无，与神俱"的胆魄，想象自己可以拥有"不食五谷，餐风饮露，乘云气，御飞龙，而游乎四海之外"的非凡生命，他们期望永恒的生命，抱着羽化重生的想法，因此汉代厚葬之风大盛。在这个时期，玉蝉不管是从数量上还是从制作工艺上都有了一个极大的提升，曾有人夸张地说，在汉代考古发掘中不管是高规格的王侯汉墓，还是最贫穷的葬坑，如果在一个墓葬里面只发掘出一件玉器，那么它一定会是玉蝉！

玉蝉的信仰

在中国，人们使用玉石制蝉的历史非常悠久，大约从新石器时代晚期就已开始，根据考古发现，最早的玉蝉出现于辽河流域的红山文化，之后，在环太湖流域的良渚文化和长江中下游的石家河文化中也有出现。但相比于红山文化和良渚文化中玉蝉的零星发现，石家河文化的玉蝉可谓丰富多彩，成为该文化最具有代表性的玉器之一，而玉形蝉也是该文化中出土数量最多的动物形象之一，足以见得当地居民对于蝉的特殊崇拜情结。

正如收藏于中国国家博物馆的石家河文化玉蝉，它的蝉身扁平而宽大，虽已残缺，但仍能窥见其细致的雕工和写实倾向的形态。无论是凸起的双眼，还是翅膀上的细脉、身体上的腹节和尾节，都体现出了这件作品的写实性。古代的玉匠们为了使其更富有装饰性，还在它的颈部阴刻了两个卷云纹和四条直线横纹。这只"胖胖的"玉蝉睁大了眼睛，噘起了嘴巴，仿佛正在专注地吸食着清晨的朝露。因为在它嘴部与下方也有两个对称的穿孔，所以学者们推测它也是一件佩玉。

石家河文化的分布区域也是之后楚文化的分布区，有意思的是，从名称上来看，"蝉"一词是楚文化区对于这一昆虫的称呼。西汉扬雄所著《方言》中称"楚曰蝉"，《尔雅》对其进行注引，云"蝉，楚谓之蜩，宋卫之间谓之螗蜩，陈郑之间谓之螂蜩……"宋国、卫国、陈国和郑国皆是周朝时期位于中原的诸侯国，由

玉蝉　肖家屋脊文化
湖北天门石家河谭家岭遗址出土
天门市博物馆藏

玉蝉　新石器时代
湖北天门石家河罗家柏岭遗址出土
中国国家博物馆藏

玉蝉　商代
长5.4厘米，宽2.6厘米
中国国家博物馆藏

玉蝉　西周
山西临汾曲沃北赵村晋侯墓地出土
山西博物院藏

此可见，我们现在通用的名称"蝉"，是来自南方楚人的称呼，而非中原的称呼，足以见得这一地区对蝉之独特信仰对后世的影响。

　　同样值得注意的是，石家河文化玉蝉中最具有特色的"凸起的大眼睛"，一直为后世所沿用，从南方的长江流域影响至中原王朝。从商代至汉代，玉蝉的"凸眼"一直是其显著特征，我们能看到其中明显的承袭。

　　当我们再回到徐州博物馆所藏的这只玉蝉，凝望它灵动的大眼睛和极具写实主义的形态，是否能够感受到它与千年前的石家河文化之间的某些"血缘关联"？

徐州藩王
汉代珍宝

昂首挺胸的"S"形神兽

——龙形佩

传说中的神兽——龙

黑眼睛，黑头发，黄皮肤，我们常常将自己称为"龙的传人"。在中国人的心中，龙拥有着至高无上的地位。古时候，皇帝们将自己称为"真龙天子"，他们把自己的身体称为"龙体"，把穿的衣服称为"龙袍"，就连他们所坐的椅子也被称作"龙椅"，当然，这是比喻性的尊称。

东汉文学家许慎在他所编著的《说文解字》中曾经对龙有过这样的描述："鳞虫之长，能幽能明，能细能巨，能短能长，春分而登天，秋分而潜渊。"最后两句话含义非常深刻，将龙这种想象出来的动物直接与古人的天文观联系了起来，在许慎的笔下，龙简直就是一只拥有着可以随时变化能力的超级神兽！这会不会是古人在观测日月星辰等天象的时候发现季节变迁中斗转星移的一种幻象呢？作为我们想象和传说中的一种神兽，龙不仅在中国的传统十二生肖中占据一席之地，排名第五，在《礼记》中，古人也将它与凤、龟、麒麟一起并称为"四灵"。

自古以来，龙的文化与传承在中国人的心里有着不可替代的地位。有首民谣唱道："二月二，龙抬头，家家锅里嘣豆豆，惊醒龙王早升腾，行云降雨保丰收。"在中国传统节日里，二月初二这天可是一个与龙有关的"大日子"。每逢农历二月初二仲春那日，在东方的地平线上龙角星会冉冉升起，所以人们会将这天称为"龙抬头"。在古代的神话中，龙是掌管降雨的神兽，降雨的多少直接关系到一年庄稼的丰歉。传说，每年的这天龙神会从睡眠中醒来，于是人们便开始敬龙庆贺，以祈求来年风调雨顺、五谷丰登。直至今日，除祭祀龙神这样的活动之外，在二月初二这天，很多地方还依然举行着舞龙、剃龙头或戴龙尾等活动。

汉代的"S"形玉龙

在徐州博物馆的天工汉玉展厅内也馆藏着一条"龙"。当你第一眼看到它的时候，你会想到什么？

这腾立卷曲的身姿是不是很像英文字母里的"S"？所以有的人也常常称它为"S"形玉龙。不过那时候的古人可没有学习过英文字母，生活在现代的人们也许是根据这个造型才有了这种联想和称谓。

除了引人注目的"S"形身姿和昂头卷尾的造型之外，古代的玉匠对这只龙的面部也是刻画得极为细致。圆睁的双目似乎正在努力观望，散发着炯炯有神的目光。往下瞧，飘逸的胡须、高翘的龙角和卷曲的龙尾，搭配上露出的牙齿和尖尖的爪趾，让这条龙看起来既潇洒帅气又威严庄重。这活灵活现的身姿与表情当是应极了"龙潜深渊，蛰伏待飞"的描述，仿佛下一秒就要腾空而上。

你知道它眼角下面的小孔有什么功能吗？这可不是弄坏了，而是古代玉匠故意留出的。西汉学者戴圣在《礼记·玉藻》中说："古之君子必佩玉。"也许那时的玉匠在设计这件玉龙的时候就想要把它雕刻成一件可以用来佩戴的玉饰，当人们佩戴时在这个小孔内穿上绳子，配挂之后便可以看到它昂首直立的样子了。尽管徐州狮子山楚王墓墓主的身份至今一直扑朔迷离，但能够拥有如此精美的玉龙

玉龙　西汉
宽10.8厘米，高17.1厘米，厚0.6厘米
江苏徐州狮子山楚王墓出土
徐州博物馆藏

玉龙（局部，眼部带有小孔）

佩，想必在当时也是一位拥有着至高权力的人。

根据检测，这件玉龙佩可能采用了来自新疆地区的和田玉作为原料，看上去不仅莹润透明，还带有温和的光泽。也许是由于这件玉龙长眠于地下，埋藏了两千多年，它的尾巴被泥土里的化学物质腐蚀出了褐色沁斑。

风靡一时的"谷纹"

当你的视线看向玉龙的身体，也许有这样的疑问，为什么它穿了一件"点点"装？有的人说这样的"点"像一个"逗号"，有的人说它像一只"蝌蚪"，有的人说它像一个倒写的"e"字，还有的人说它像正在生长的"豆芽"或者"麦芽"。你觉得它像什么呢？

许多专家常将这种凸起圆点带条小尾巴的图案称为谷纹。唐代著名小说家段成式在他的短篇小说集《酉阳杂俎》中写道："谷璧，白玉也，如粟粒，无雕镂之迹，王者得之，五谷丰熟。"粟粒就是谷粒或小米粒。

在徐州狮子山楚王墓中和玉龙一起出土的还有一件西汉玉璧，在扁圆形的青白色玉璧正面饰满了排列有序的谷纹。

玉龙（局部，身上纹饰）

民以食为天，中国自古便是农业大国，谷是主要食物。不管是玉龙还是玉璧上的这些像极了谷物发芽样子的纹饰，或许都象征了万物苏醒的生机和人们对农业丰收的盼望。

也有的学者说，谷纹作为中国古代玉器上最常见的装饰纹样之一，

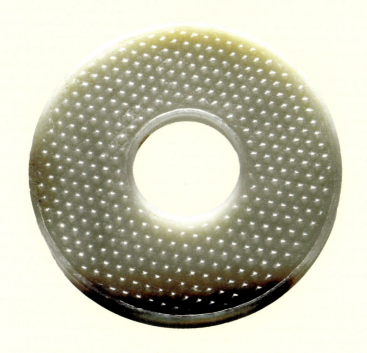

谷纹玉璧　西汉

直径14厘米，孔径4.7厘米，厚0.5厘米

江苏徐州狮子山楚王墓出土

徐州博物馆藏

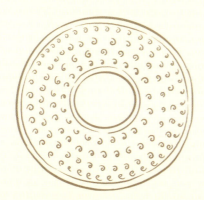

谷纹玉璧手绘图

它的产生远没有文字记载的这么简单，也许是经过了古代的先民们无数次的摸索与总结，从其他纹样中最终演变而来的。

尽管谷纹这个名字被赋予的原因和说法各有不同，但不可否认的是这种纹样曾经被古代的先民们深深喜爱着，频频出现在很多时期的玉器装饰中。

"S"形玉龙的孪生兄弟

不过，在徐州狮子山楚王墓出土的这种欲腾而立的"S"形玉龙可不止一个，还有一个和它长得很像的"孪生兄弟"。比比看，这两件有什么不同？

"C位"出道的文化交流使者

这件造型生动、制作精美的玉龙佩不仅受到了人们的喜爱，在国内外也是出尽了风头！

早在1981年，它就曾作为"文化使者"与其他的徐州汉代文物一起到过奥地利雷欧本市进行展览。在展览时，奥方还曾将这件玉龙作为展览广告的标志，刻成邮戳，印成明信片，制作成广告牌，等等。除此之外，在进行宣传时，奥方还将带有这件玉龙图案的展览广告与俄罗斯圣彼得堡芭蕾舞《天鹅湖》广告并排展示，使其稳稳地坐上了中外文化交流使者中的"C位"宝座。

中华大地上的"龙之家族"

关于龙的传说可以称得上是历史久远。从商代甲骨文出现结构完备的"龙"字开始，迄今已有三千多年，而出现龙的图案和传说就更早了，可以一直上溯到更遥远的新石器时代。那时的人们敬畏自然，崇拜天地和星辰，于是根据天上星

龙形玉佩　西汉
高17.3厘米，宽10.42厘米，厚约0.53厘米
江苏徐州狮子山楚王墓出土
徐州博物馆藏

龙形玉佩手绘图

空变幻的天文现象，再结合自然界中能见到的一些生物，创造出这样一个能呼风唤雨、法力无边的偶像或吉祥物，用以祈求平安幸福。数千年来，龙在人们的心目中是神秘而又神圣的存在，并逐渐成为中华民族共同敬仰的图腾代表。

在兴隆洼文化（约公元前6200—前5400年）的查海遗址（位于辽宁省阜新市）中，古代先民们用成千上万块大小相近的石头摆成了一条巨龙。这条巨龙的身长19.7米，宽约2米，龙头朝着西南方向，龙尾则朝着东北方向，它昂首张口，身姿威武，远远眺望，就像在腾云驾雾一般。根据考古学家推测，这条使用石头堆塑而成的龙可能对应了冬至夜晚北斗星的形象。

古人观察着夜空中的斗转星移，并创造出龙这样一种想象出来的神兽，在它的形象里仿佛体现着星象的运动规律。

如果说在徐州博物馆里馆藏的玉龙造型像英文字母"S"，那么在中国国家博物馆里，还馆藏着一只玉龙"C"呢！

1971年的一天，在内蒙古自治区赤峰市翁牛特旗乌丹镇赛沁塔拉嘎查村有一个六岁的孩子正拖着一个黑乎乎的"铁钩子"在村里玩耍，这个"铁钩子"是他哥哥在干农活儿时无意间挖出来的。没想到这个"铁钩子"在地上越蹭越亮，在阳光下竟显现出碧绿色的光泽来。由于这件文物不是科学考古发掘出土的，所以专家们只能根据形制和工艺推测，它可能是一件来自红山文化时期（约公元前4700—前2900年）的玉器，也是当时国内首次发现的玉雕龙，被人们冠以"中华第一龙"的美誉。

与那件动感霸气的"S"形玉龙相比，这件酷似英文字母"C"形的玉龙此刻正蜷曲着身体，眯着眼睛仿佛正在打瞌睡。还有一种非常有趣的说法是，这蜷曲起来的造型与恬静悠然的表情就像是胎儿在妈妈肚子里的样

甲骨文中的"龙"字

玉龙　新石器时代赵宝沟文化至红山文化时期
高26厘米
中国国家博物馆藏

子。仔细看，它帅气的"发型"也是非常夺人眼球，一头飘逸的"长发"向后一甩，动感十足，像不像一匹正在飞奔的骏马呢？再看它小小的脸蛋，修长的嘴巴似乎在笑，微微上翘的鼻孔就像是《西游记》中猪八戒的鼻子。有的人说它酷似马首，也有人说它是鹿头，你觉得它更像什么呢？

在它的下巴和头上都雕刻着精致的网格纹样，这种花纹正是在红山文化之前的赵宝沟文化（约公元前5200—前4400年）中特有的纹样，所以也有学者提出，这条玉龙可能来自比红山文化更早的时代。

在全国数以千计的博物馆里，珍藏着无数件大大小小各种形制的龙，它们分布在中国的各个地区，组成了一个庞大的"龙之家族"。不管是徐州博物馆中馆藏的"文化交流大使"龙形佩，还是中国国家博物馆里备受世界瞩目的"超级明星"玉龙，作为中国最古老的图腾，在每个时代的人心中，龙有很丰富的形象。我们无法知道古人创造龙的真实过程，但集合各种能力于一身的"神兽"的出现，却着实见证了中国人对未知的无限探索，对自由完美的向往和追求。

大汉文明的经济血液

汉代"造钱"模具

说到"模范"你会想到什么呢？在生活中，我们常常会听到有人使用"模范"一词来褒奖那些在学习、工作中值得我们学习、被树立为典型的人和事迹。例如，在国家建设事业中成绩卓著的劳动者被人们称为"劳动模范"，在日常里具有良好道德修养并起到示范作用的人被人们评为"道德模范"。西汉时期的辞赋家扬雄在《法言·学行》中说："师者，人之模范也。"汉朝时期的人们认为，优秀的老师足以规范人们的言行，所以将老师称为人们的模范。"模范"似乎就像是一面镜子、一个典范、一个榜样，时刻引导和鼓励着大家。

不过，"模范"一词的来源可不简单！早在夏纪年和商、周时期，制作青铜等重器的时候就要用到有对应关系的"模"和"范"，两者相互间严丝合缝的对接代表了最精细、最顶级、最规范的精密铸造流程，这种做法一直流传了下来。东汉时期的思想家王充在《论衡·物势》中记载："今夫陶冶者初埏埴作器，必模范为形，故作之也。"也就是说，陶工们在准备拌土和泥来制作器皿的时候，必须要用模具来使器皿定型，所以要先制作模具。渐渐地，"模范"这种

五铢钱铜范　西汉
长21.4厘米，宽7.8厘米，厚6厘米
江苏徐州云龙山东坡出土
徐州博物馆藏

在工艺上追求精细和完美的说法就被引申到对人的形容里了。"模"究竟长啥样呢？在徐州博物馆里就藏着这样一件"铸钱模具"。

世界领先的铸币技术

在这个近乎长方形的扁平青铜器上，整整齐齐地排列着12个形状规则的圆形与正方形组合而成的钱币纹样。仔细辨认，有的图案还可以清楚地看到上面阴刻着"五铢"两个篆体文字。看到这里，想必你的心中已经有了非常明确的答案，它便是来自西汉时期，用于铸造当时的货币——五铢钱的器具。

这种铸钱的器具常常被称为"铜母范"，上面排列着的就是当时人们想要铸造钱币的模型，工匠会先以这种金属"母范"为模，翻制出许多带有钱币样式的陶"子范"。在进行钱币制作的时候，人们将"子范"层层叠加形成一组，用胎泥封住缝隙，仅留出浇注口，然后将铜液灌进浇注口里。熔化的铜液流向各个层面，经过冷却后只要敲碎"子范"就可以得到钱币。这便是古人在铸造钱币时最早采用的叠铸技术。

眼前这件铜范制作而成的钱币毫无疑问便是来自西汉的货币五铢钱。

货贝　商代
河南安阳殷墟妇好墓出土
安阳市殷墟博物馆藏

"五花八门"的货币

在许多博物馆中，我们常常会看到这种圆形方孔造型上刻有"五铢"二字

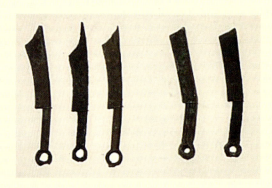

刀币
中国国家博物馆藏

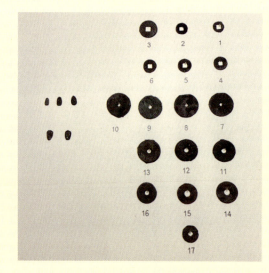

青铜贝币和圜钱
中国国家博物馆藏

蚁鼻钱　战国晚期
江苏邳州小冯南滩、昆山、盱眙东阳城、
泗洪芦沟巨声等地出土
南京博物院藏

钱币的身影。作为中国货币史上曾经拥有过重要地位的五铢钱，它也并非是突然就出现在中国历史中的。

古代先民为满足人与人之间物质交换的需要，创造出了"货币"这种承担着交换职责的媒介。汉代以前的中国曾出现过许多不同形制、不同材质的货币，例如由天然海贝制作而成的贝币。

西汉时期著名的史学家司马迁在《史记·平准书》中提到，在夏纪年时人们就已使用"龟甲"和"贝壳"作为货币进行流通交换。贝币大小适中，不仅便于区分和计算，也方便携带。1976年，考古工作者们就在具有中国"第一位女将军"之称的商代妇好墓中发掘出土了近7000枚海贝和大量宝石。能使用这么多的海贝进行随葬，想来也是墓主人身份和财富的象征。

货币的出现给商品交换带来了极大的便利，人与人之间的买卖交易需要货币，国家与国家之间的贸易往来也需要货币。随着经济的不断发展，人们对于货币的需求量也随之增加，天然贝币渐渐地无法满足市场所需的货币数量。中国古代掌权者开始将目光放在了青铜的铸造工艺上，春秋战国时，各诸侯国逐渐开始各行其道，制造各种五花八门、形制不同的货币。例如：造型像极了农具中铲子的布币，看上去如同刀具一般的刀币和形状圆圆如滚轮的圜钱，等等。

南京博物院里还藏着战国时期的流通货币蚁鼻钱。认真观察蚁鼻钱，便会发现它那椭圆的形状和正面凸起、磨平的造型也着实像极了贝币的模样，由于这种钱上还刻有似人脸的纹样，所以也被人们称为"鬼脸钱"。这些铜币及钱范与贝币相辅相成，承担着不同时期诸侯国的经济需求，直到统一六国的秦始皇出现。

货币的统一

历史中记载，公元前221年秦王政灭六国，建立了我国历史上第一个统一的、多民族的中央集权国家。当秦王政称始皇帝之后，为巩固国家政权实行了一系列

"半两"钱手绘图

政策，其中一条便是统一货币。公元前210年，秦始皇颁布了中国最早的货币法，规定在帝国范围内统一使用秦国的圆形方孔"半两"钱。《汉书》中曾说，秦始皇铸造的"半两"钱，重量就和钱币上所刻的文字一样是半两重，约12铢（中国古代规定1两为24铢）。如此看来，秦始皇不仅统一了钱币的形制，也统一了钱币的重量。有的学者说，这种圆形方孔、看上去有着对称之美的"半两"钱不仅便于人们阅读和排列上面的文字，也更容易让人们进行穿串固定，极大程度地减少了圆孔穿串易活动而带来的货币与货币之间的碰撞磨损。也有的学者说，这种圆形方孔也许正是印证了古人心中那种外圆像天、内方像地的"天圆地方"的宇宙观。

　　为了保证货币的信誉和流通，秦始皇还规定货币由国家统一铸造，严禁私铸，如果有违反规定私自铸钱者也将受到严格的法律制裁。这一系列的举措结束了之前那种货币形状不一、材质重量各异的状态，不仅便利了各地商品的交换和经济交流，也为后来汉代五铢钱的出现埋下了一颗种子。

五铢钱的诞生

　　汉代初期，由于经历了秦末天下大乱和楚汉之争等各种战争的破坏，整个国家都处在一种民生凋敝、财政困难的状态。司马迁在《史记》中曾描述，当时甚至连皇帝乘坐的马车都找不到四匹颜色一样的马，普通百姓们更是到了没有剩余东西需要储藏的地步。尽管此时汉朝在货币使用方面还是沿袭了秦制，但是在商品匮乏、经济水平低下的情况下，秦朝这种重达12铢的"半两"钱因为面值太高，不太适合当时的经济生活和商品交易。为了解决这种缺少合适货币的困境，尽快恢复生产力和经济，刘邦在他称帝的同年（公元前202年）便颁布了制作货币的新规定，将那时重约12铢的"半两"钱减重至3铢左右，还放手允许民间私自铸造这种减重的钱币。虽然在一定程度上缓解了货币所带来的问题，但也因此造成了极其严重的后果。

由于民间私铸货币的作坊没有官府的监督，钱币在数量与质量上都很难得到控制，变得难以管理。私铸出来的钱不仅大小极不统一，重量也达不到要求，最轻的甚至不足一克，即使放在水里都不会沉下去，有的钱币用手指一捻就会破裂，这些都无法使用标准来衡量。由于这时的"半两"很轻很薄，形状像极了榆树的果实榆荚，所以还曾被人们称为"榆荚半两"。这些质量参差不齐且粗制滥造的"榆荚半两"在市场上流通后，没多久便让整个国家的经济变得极其混乱，甚至还出现了"担米值万钱"的钱轻物重、物价飞涨的乱象。

西汉政府也发现了问题的严重性，开始加以制止并且严禁私铸，但即使在违者处以死刑的明确规定下，那些违法盗铸的事件仍然是屡禁不止。

公元前179年，汉文帝刘恒继位，成为汉代第五位皇帝，他决定开铸新钱，这些钱虽仍叫"半两"，但规定重量为4铢，所以也被称为"四铢半两钱"。除此之外，刘恒也决定重新开放民间私铸，同时明确规定不得降低钱币的铸造质量，违者便处以在脸上刻字涂墨的"黥刑"。

如果刘恒能预测到后面所发生的故事，我相信他一定会十分后悔这次的决定。由于民间可以私铸钱币，各地豪绅权贵开始公开铸钱，大发横财，有的人依靠铜矿广铸钱币，其财富甚至超过了王侯。在当时，被分封在吴国的刘姓宗室诸侯王刘濞靠着封地内有产铜的矿山，就开始招募天下亡命之徒来采铜铸钱，聚敛了大

"半两"铜钱　西汉

江苏徐州北洞山楚王墓出土

徐州博物馆藏

量的经费，为后面所发生的"七国之乱"提供了强大的财力支持。在这次的事件中，如果不是名将周亚夫等人力挽狂澜，平定了叛乱，也许刘濞就有可能取代刘恒成为新一任帝王。汉景帝也从此次事件中认识到民间私铸的危害，颁布了限制私自铸造钱币的相关法律，从而在一定程度上遏制了事态的发酵，但也依然无法杜绝乱象。

公元前141年，第七任皇帝汉武帝刘彻登基，他在位期间尝试了多次的钱币改革。史书中记载，在元狩五年（公元前118年）的时候，汉武帝下令不再使用"半两"钱，开始使用五铢钱。各郡按照"半两"钱的形制开始铸造五铢钱，史称"郡国五铢"，自此拉开了使用五铢钱的序幕。在短短五六年时间里，全国各地分别铸造了不少的郡国五铢钱，馆藏于徐州博物馆里的这件西汉五铢钱铜范便是这段记载最好的证明。

由于各地铸造的钱币始终不能达到统一的标准，西汉不得不再次进行货币改革。公元前113年，为了遏制私铸的现象，刘彻便开始下令把各地私铸的钱币进行销毁，让他们上交铸造钱币的铜，并且频繁地进行钱币改铸，开始了真正意义上由国家统一铸造钱币的历程。汉武帝将铸造钱币的大权收归中央所有，并在上林苑设立专门的铸钱机构上林三官。铸造钱币由专门的机构负责，也就意味着钱币的质量有了保障，自此，由上林三官铸造出来的五铢钱也确定了标准样式，深受社会各阶层的认可。

五铢钱源于西汉武帝，历经新莽、东汉、三国、两晋、南北朝、隋朝，承载了数个朝代的经济与民生，也是丝绸之路上的国际通用货币，直至唐初才遭废止，它前后在国内流通了七百多年。而在南海诸岛列国直到宋代，五铢钱与唐钱、宋钱并用，在国际上竟流通了一千多年，是世界文明史上最长寿的货币。

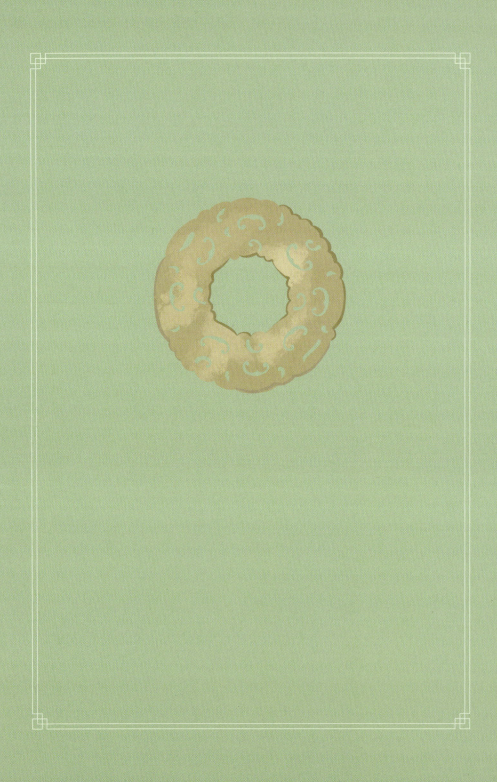

君子文化听玉声

——组玉佩

石之美者

古人云："玉，石之美者。"早在旧石器时代和新石器时代交替之时，东亚大地上的先民们就已经开始从大自然中挑选颜色美观、质地细腻、坚韧润泽的玉料或石料，人们将这些"美石"统称为玉，也就此延绵发展出近九千年的玉文化。

在东汉著名文字学家许慎的笔下，玉石温润且具光泽，能给人带来恩泽，具有仁爱之心；部分玉石具有较高的透明度，从外面就可以看到内部的特征纹理，表明了清澈见底、竭尽忠义之心；当敲击玉石的时候，玉石会发出悦耳动听的声音，并且能传到很远的地方，说明玉具有智慧且善于传达给周围的人；玉石具有极高的韧性和硬度，彰显了坚贞不屈的勇敢精神；玉有断口但边缘却不锋利，代表了玉自身廉洁、自我约束却不伤害他人的品德。许慎通过描写玉的特点总结出了"仁、义、智、勇、洁"这五种美好品德，凡是具有这五种品格的人便是君子。

振玉之乐与乐舞形象——组玉佩

人们常说：古之君子必佩玉。古人喜爱玉石，他们不仅欣赏玉

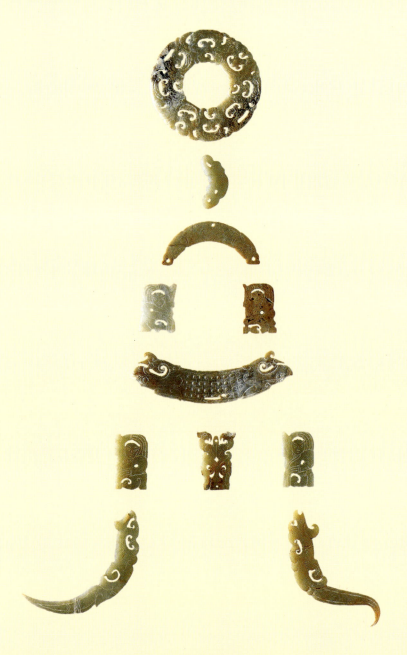

组玉佩　西汉
江苏徐州骆驼山东29号墓出土
徐州博物馆藏

的颜色，享受玉的触感，还要聆听玉的美妙声音。为了享受乐感，古人还特地创造出了一种会"演奏"的玉石"乐器"，只要戴着它，走路时就会发出悦耳的声音。如此神奇的乐器究竟是什么样子的呢？

在徐州博物馆里我们会看到一件神奇的"组合品"，这条由许多玉石配件组合而成的玉饰被人们称为"组玉佩"。为什么它们会被放在一起？这些形制不同的玉器分别又是什么呢？让我们从上到下依次仔细观察。

在它的最上端以饰有云纹的玉环"引领带队"，神秘的云纹生动而逼真，不仅是古代的传统吉祥图案，还象征着高升和如意。

紧邻云纹玉环的下方，一位姿态灵动的舞者正翩翩起舞。唐代白居易笔下"飘然转旋回雪轻，嫣然纵送游龙惊。小垂手后柳无力，斜曳裾时云欲生"，描写的或许就是此般场景吧！只见她的身材细挑，舞姿轻越，举手投足间尽显汉舞之美。

咦？难道这位舞者的脚下是一道弯弯的"拱桥"吗？其实，它可是组玉佩中必不可少的重要配件组件。这种上面拱起、下面带有两个小孔的弧形玉饰被人们称作"玉珩"，人们佩戴它时，既可以在中间连接上、下方的玉器，又可以使组玉佩保持整体的平衡。

当我们把目光聚焦玉珩的下方，竟然又是一对左右相称的舞者。细细数来，这样的玉舞人仅在这一件组玉佩中就出现了五次。看来，在汉代时期，人们不仅非常喜欢跳舞、观舞，也爱极了这种舞者模样的玉饰。

汉代辞赋家傅毅曾以"罗衣从风，长袖交横"的语句赞美舞者的曼妙舞姿。在汉代也曾出现过许多记录在册的歌舞能手，例如汉高祖刘邦的宠妃戚夫人非常擅长跳翘袖折腰之舞，而汉武帝刘彻的妃子李夫人也因"妙丽善舞"而受到皇帝的宠爱。玉舞人，虽然只是组玉佩中的一个小小配件，却也成了汉代时期动人舞姿的见证。

云纹玉环　　　　　　　　　云纹玉环手绘图

玉舞人　　　　　　　　　　玉舞人手绘图

龙首玉珩　　　　　　　　　龙首玉珩手绘图

玉舞人

玉舞人手绘图

　　在这组玉饰中，除了频占"C位"的玉舞人之外，还有一件更大一些的双龙首玉珩，时刻承担着"平衡"的要职，在两件玉舞人的中间是一件对凤玉饰，在组玉佩的最尾端，还有两件龙形玉觿。古人使用玉环、玉珩，再配上玉舞人、玉凤、玉觿等玉器穿连之后便组成了我们如今所看到的组玉佩。当人们佩戴它走路的时候，不仅可以作为装饰，配件之间相互碰撞也能发出清脆悦耳的声音，真是一件特别的玉饰啊！

汉代组玉佩的佩戴方式

　　古人究竟是如何使用这种组合型玉佩进行个人装扮的呢？带着这样的疑问，我们在许多其他地区出土的汉代舞人身上找到了答案。

　　1973年，考古工作者们在位于江西省南昌市东郊贤士湖14号墓中发掘出土了

龙首玉珩

玉舞人、对凤玉饰、玉舞人

龙形玉觿

龙首玉珩、对凤玉饰、龙形玉觿手绘图

镂雕舞女白玉佩饰　西汉
宽1.6厘米，高5.2厘米，厚0.6厘米
江西南昌东郊贤士湖14号西汉墓出土
江西省博物馆藏

双襟长袍背箭箙俑　西汉
高50厘米
江苏徐州北洞山楚王墓出土
徐州博物馆藏

一件玉舞人。在这位甩袖曼舞的舞者胸前，正垂挂着一件像是由玉环、菱形玉饰及一个弯角形玉饰组成的组玉佩。

不过，组玉佩可不止这一种佩戴方式。在广州南越王博物院内就藏有一组特别的组玉佩。与其他组玉佩不同的是，在这组的玉舞人身上，我们看到了舞者将组玉佩垂系于腰间的戴法。这组由玉环、玉璜、玉管等玉饰件组合的组玉佩仿佛此刻正随着她的舞蹈从腰间一直来回摆动到小腿处。

在组玉佩中的玉舞人身上看到组玉佩的佩戴方式，是不是快要被汉代设计师的"创意表现"给绕晕了？也许正是有了这些设计者们对汉代舞者的喜爱，将真实的舞者装扮表现在玉石中，我们才能真实地看到千年前古人使用组玉佩进行装扮的模样。

除了翩翩起舞的舞者，使用组玉佩进行装扮在汉代出土的陶俑中也频频可见。在徐州博物馆陈列的一位双襟长袍背箭箙俑右胯处，彩绘着一件由红色绶带穿系

组玉佩及其中的玉舞人　西汉
广东广州南越王墓东侧室出土
广州南越王博物院藏

而成的组玉佩。方形的玉饰系于腰间，下面还悬挂着几件白玉管和玉璜，生动再现了汉代楚王麾下高级指挥官佩戴组玉佩及兵器护卫宫室的姿态。

汉代之前的组玉佩用法

古人用玉进行装扮的方式非常久远，使用组玉佩进行装饰的风尚也不仅仅只是出现于汉代。在战国以前，组玉佩还一度被人们挂在脖颈处呢！

1993年，山西临汾曲沃县北赵村西周晋侯夫人墓里就发现了一件"特别长"的组玉佩。当考古人员发现它的时候，墓葬一直未被外界打扰，虽然墓中棺木早已腐烂，就连墓主人的骸骨也早已朽尽，但是在她胸口的位置却有一条由红色玛瑙、绿色料珠、白色美玉所制成的组玉佩，保存完好。这条项链佩戴在夫人的脖子上，一直可以垂到腹部以下，尽管时隔千年，表面依然静静地流转着柔和的光泽。

做个贵族不容易

《明史·舆服志》中有记载："皇太子冠服……玉佩二，各用玉珩一、瑀一、琚一、冲牙一、璜二；瑀下垂玉花一、玉滴二。……自珩而下，系组五，贯以玉珠，上有金钩。"在这段文字中，古人详细地阐述了明代组玉佩的等级区分和组玉佩的构成形式。组玉佩的佩戴者身份越尊贵，社会地位越高，拥有的组玉佩数量越多，结构就越繁杂，样式也越精美。

组玉佩作为古代贵族身份的一种象征，不仅在佩戴使用中有着严格的规范制度，就连佩戴组玉佩走路，也形成了一套独有的"节步"之礼。

《礼记·经解》中有记载，佩戴组玉佩时"步行则有环珮之声"。不管是戴在脖颈处，还是垂挂于胸前或是系挂在腰间，当古代的人们在身上装扮着这样的组玉佩，行走时各玉饰配件之间的相互碰撞便能发出清脆悦耳的"振玉之声"，是不是像极了一条美玉做成的"乐器"呢！

但是，古人想要使组玉佩发出美妙悦耳的声音，也绝对不是一件容易的事情。这些被组合在一起的玉器就像一个乐团去演奏乐曲一般，杂乱无章的节奏演奏出来的乐曲显然不好听，只有起伏有度的韵律，才能构成美妙的音乐。试想，如果一个人戴着组玉佩，却走路东倒西歪，或是步履匆匆，那组玉佩就会发出嘈杂刺耳的声音。只有规范自己的行为举止，才能传出优美的"振玉之声"。

《礼记·玉藻》中写，古代的臣子要去觐见自己的国君，不仅要将朝服穿得整整齐齐，还要练习走路，让佩玉之声和走路的节拍相吻合。并且为了"走出好节拍"，古人还总结了"走路的小诀窍"：古代的君子，向前走的时候身体应该略向

六璜联珠串饰　西周
山西临汾曲沃县北赵村西周晋侯夫人墓出土
山西博物院藏

前俯，倒退的时候身体应该略向后仰，只有这样，才能使组玉佩发出清脆悦耳的声音。

如此看来，在古代要想成为一个"合格的"组玉佩佩戴者，不仅需要掌握"诀窍"，还需要经过诸多的"训练"啊！当古人身着华服，佩戴美玉，在获得审美效果的同时，佩玉者还可以听到玉饰之间因轻轻撞击而发出的悦耳玉振之乐，真是美妙极了！

大自然馈赠的防腐材料——天然生漆

民间有句谚语说："百里千刀一斤漆。"你了解过生漆这种涂料吗？

漆在最早的时候也被人们称为桼。东汉文字学家许慎在《说文解字》中解释："桼，木汁也，可以髤物，从木，象形，桼如水滴而下也。"桼，字如其形，上面的木字象征了树木，下面的水字代表了树木所分泌的汁液，而这种汁液可以用来髤涂在器物的表面。

桼字放在田字格里

漆树

在我国华北、西北和西南地区的山林间，就生长着这种名为漆树的植物。《庄子·人间世》中曾记载"漆可用，故割之"。当一棵漆树生长到5—10年的时候，采漆工人们就可以开始进行割树取漆的工作了。大约在每年4—8月，由于这个时节的阳光充足，水分挥发快，所以采出来的漆质量也最好。每到可以采漆的时候，采漆人都会在天还没亮的时候便开始起床准备，因为漆树的汁液中含有强烈的漆酸，很容易引起皮肤过敏、中毒甚至死亡，所以在采漆前，人们会为双手及身体做好防护措施。

正如上文《说文解字》里提及的，当采漆人找到合适的漆树，便会使用割漆刀在树上斜着割出口子，露出木质，生漆就会沿着割开口子的边缘流出来。这样的割取过程看似简单，实际上却非常考验采漆工人的经验和技巧，割厚了或者薄了都无法出漆，割开的这些漆口也不能在同一个水平线上，要上下、左右错开，更不能割断树茎，不然就很容易导致漆树死亡。由于生漆来之不易，产量也非常有限，尽管"百里千刀一斤漆"是一种夸张的说法，但也说明了割漆这项工作的辛苦和生漆的珍贵。

从漆树上刚被割出来的生漆是乳白色的，当它与空气接触后，慢慢地就变成了紫褐色，直到最后完全变黑，从液体逐渐形成坚固的漆膜。古人云："滴漆入土，千年不坏。"当古代的先民们发现生漆具有耐热、防潮、干燥成膜等特点之后，便开始有意识地将生漆涂在器物上作为涂料，这样制作而成的器物，即使时隔千年也依然色泽如新。

割漆纹路

汉代使用器皿——彩绘漆陶钫

在徐州博物馆内，就馆藏着一件使用生漆作为涂料制作而成的西汉漆器——彩绘漆陶钫。

许慎在《说文解字》中提及："钫，方钟也。"这件看上去方形、长颈、大腹还带着一个盖子的器皿，曾经是人们用来盛酒或是装粮食的容器。在徐州博物馆中，还有一件同为西汉时期、造型相似但制作材质不同的鎏金铜钫，铜钫腹部两侧装饰着对称的辅首衔环，盖上傲然直立的四只凤鸟和金灿灿的"外衣"，都让这件鎏金铜钫在众多的青铜器中显得与众不同。

但是与看上去金灿灿的鎏金铜钫相比，漆陶钫通体漆黑，"肩部"位置描绘着朱红色和黄色的花纹，带给人们另一种视觉享受。整齐排列的几何三角形内框里装饰着似水滴、如卷云的图案。许慎曾言："云，山川气也。"农作物是古时人们赖以生存的重要食物来源之一，先民们在劳作耕种时常常需要关注天气的变化，流动的云自然也成了观察和描绘的对象。在这件器皿上，弯曲回旋的线条在充满规则感的三角形里有序地流动着、旋转着，动静相宜。每一面，又都有排列整齐的两个三角形纹样有规律地重复出现，对称且连续的图案充满着节奏的韵律，充分体现了视觉艺术之美。再来看看它的盖子，汉代的工匠使用朱红色的漆料用繁密的云纹饰满了整个顶部，明亮的色彩纹样与漆黑的底色形成了强烈的视觉冲击。

漆器中的独特色彩

人们从认识漆树，到了解漆的特性，再到使用漆调成各种颜色来进行装饰，经过了漫长的岁月。漆器中的色彩语言十分独特，战国时期著名的思想家韩非子在《十过》篇中提到漆器的时候曾说：尧禅让天下，舜接受下来。舜所做的食具都是砍伐山上树木制作成的，削锯成器，修整痕迹，在上面涂上黑漆，送到宫里作

漆绘带盖陶钫　西汉
通高34厘米，腹宽19厘米
江苏徐州簸箕山汉墓出土
徐州博物馆藏

鎏金铜钫　西汉
通高58.8厘米，腹径28.3厘米，
顶径23厘米，足径20厘米
江苏徐州狮子山楚王墓出土
徐州博物馆藏

为食器。诸侯认为太奢侈，有13个方国抗议。于是舜禅让天下给禹，禹所做的祭祀器皿，外面髹涂黑漆，里面以红漆绘画。如此看来，或许早在三代时期，古代的先民们就已开始使用黑色和朱红色的漆料在木质的器皿上进行髹涂和绘画创作。

有学者认为，漆器以黑色和朱红色为主的色彩搭配与漆色的制作技术脱不开关系。我们都知道，生漆在流出来以后与空气接触会逐渐氧化，颜色也逐渐变得深沉。如果将颜料加入生漆中，很容易就会被生漆氧化后的颜色所覆盖。例如当天然白色矿物质加入漆液中，颜色不仅不会变白，每次调和出来的颜色也会极不稳定。但是黑色和朱红色与其他色彩相比则大为不同，人们在天然漆液中加入铁剂或黑色碳粉等深色矿物颜料便可以生成黑漆，加入红色朱砂便可以得到红色的漆料。经过调制后的黑漆色彩厚重，犹如墨黑的夜晚，带给人们庄重肃穆、沉静高贵之感，而朱红色漆料色彩鲜亮饱和，就像太阳与火焰，驱赶着黑暗，为人们带来光明。经过调制后的黑、红色漆料不仅比其他矿物颜料调制出来的色彩更稳定，而且具有坚固华丽且不易褪色的优点。当红色遇上黑色，让漆器看起来华贵又端庄，深沉中多了一丝绚丽。古代的漆器匠人们或在朱红色髹涂器物上装饰黑色纹样，或反之在黑色髹涂器物上装饰朱红色纹样，以多样的图案在器物表面构成一个绚丽的彩绘世界。

最早的漆器与"炫酷的鸳鸯"

漆的出现与使用为后世留下无数的漆器珍品。1990年，浙江省杭州市萧山跨湖桥遗址中发掘出土了一根微微泛红的"长木条"。工作者们小心翼翼地进行清理和研究，最终确定它是一张使用桑木制成的木弓，虽然弓的两头有些残缺，也没有发现弓弦，但是弣手（抓手）的位置依然保存完好。那么，在木弓上残留的深红色附着物是什么呢？为了揭开这个答案，他们将标本进行科技检测后确认其为天然生漆。随后，专家们又对它的"年龄"做了测定，惊讶地发现这件漆弓制

漆弓　距今8000多年前
残长121厘米
浙江萧山跨湖桥遗址出土
跨湖桥遗址博物馆藏

彩漆鸳鸯形盒　战国早期
长20.1厘米，宽12.5厘米，高16.5厘米
湖北随州曾侯乙墓出土
湖北省博物馆藏

彩漆鸳鸯形盒局部

作于8000多年前。资料显示，这也是迄今为止世界上出土年代最早的漆器。浙江省博物馆的专家们对这件漆弓进行了脱水保护，让古代先民们为我们留下来的这件文物重新焕发光彩。

人们不仅使用漆料保存物品，还在各种漆器上记录下他们的生活画面。1978年，湖北擂鼓墩发掘了战国时期曾国国君曾侯乙的墓葬，出土了大量的漆木用具，小到如梳子、盒子、杯、盘等生活用品，大到桌案、棺椁等器具，不仅数量多、品类全，而且这些漆器上所描绘的图案与纹样更是涉及了各个方面。

根据考古资料的记录，在曾侯乙墓西室的陪葬棺里，人们还发现了一只"超级炫酷的鸳鸯"。当你走进湖北省博物馆，会看到一只神态生动自然的木质鸳鸯，它就像一个现代储蓄罐。根据研究人员分析推测，在制作时，战国时期的漆器艺术家们会先把一块木头中间挖空，再将它雕成一只鸳鸯的形状，然后髹涂上生漆，

彩绘凤鱼纹漆盂　秦代
高8.8厘米，口径29厘米，底径16厘米
湖北云梦睡虎地11号墓出土
湖北省博物馆藏

彩绘漆陶鼎　西汉
通长21厘米，通宽21厘米，通高14.5厘米
江苏徐州簸箕山汉墓出土
徐州博物馆藏

并使用红色的漆描绘出羽毛的花纹。就在鸳鸯腹部的两侧，各有一个方形画框，框内记录着撞钟击磬、击鼓跳舞的图案，方寸之间，惟妙惟肖地将庞大而壮观的乐舞场面表现得淋漓尽致。最特别的是，这件鸳鸯的头部与身体采用了榫卯结构，可以360度旋转；而鸳鸯的腹部是被挖空的，使用者可以从背部将其打开，方便人们放置物品，兼具观赏性与实用性。人们推测，这只鸳鸯盒也许是那时的女性用于盛放首饰的器皿。

漆艺与陶艺的邂逅

在不同的时代中，人们使用漆料绘制了无数精美的画面。但想要制作一件精美的漆器，除了漆料之外，不可少的还有器物的胎体。与其他木质胎体不同的是，徐州博物馆内的彩绘漆陶钫的胎体正如其名，使用的是陶器。

陶器与漆器都是中国工艺美术史中非常重要的品类，古代的先民们"变土为宝"，使用黏土或者陶土，经过烧制，创造出了最早的陶器。而陶器的表现内容也是十分多样，从生活器皿到装饰作品无所不在。汉代奢靡之风盛行，那时的人们大兴土木，造成了木材严重匮乏，影响了木胎漆器的制作，以陶为胎的漆器日渐增多，渐渐出现在人们的视野中。当陶艺遇上漆艺，又会碰撞出怎样的火花呢？

虽然时光已过千年，但是研究者们使用现代科学仪器对这件彩绘漆陶钫进行红外光谱分析，也还是有了特别的发现。汉代在陶胎为底的基础上，使用生漆和小麦淀粉制成了麦漆进行髹涂。那时的人们在长期的制作中发现，小麦粉可以吸收生漆中的水分，加强漆料的黏合力，起到固定作用。

与这件彩绘漆陶钫以组合形式同时出土的还有漆陶盉、漆陶壶和漆陶匜等，它们都幸运地保存完好，髹漆光泽犹新。漆和陶被古人结合运用得天衣无缝，两种材质相互融合、促进，成为工艺和审美的完美结合。

徐州重地
兵家必争

兵器上的美学

——西汉错金银鸟形饰铜戈

声势显赫的西汉阅兵活动

秦朝末年天下大乱，群雄揭竿而起。经过楚汉之争后，刘邦击败西楚霸王项羽，于公元前202年称帝，以"汉"为国号，史称西汉。

西汉在建立之后采取了"休养生息"的国策，历经几代统治者，终于取得了"海内殷富，国力充实"的成就，尤其是经过文景之治后国力强盛，西汉名将们更是发出了"犯我强汉者，虽远必诛！"的豪言壮语。

但是如此强大的西汉也有着它的隐忧，那就是在西汉刚刚建立的时候，由于经过了长期战乱，国防不固、国境不宁。武装力量因此十分被看重，阅兵活动也变得非常重要。

这样的阅兵活动，一方面可以展示国力强盛、威慑他国，另一方面可以检阅部队作战能力，提升战斗力。这不仅是最高统治者对武装力量的检阅，也是显示军力国威的重要形式。

在西汉，这种阅兵活动不仅经常举行，还在其中增加了一些打斗的内容，可说是集比武与阅兵于一体。在《汉书》中有着这样的记载，为了让军队的训练和校阅制度有效地实施，汉初的军队需要具备"轻车突骑""劲弩长戈、射疏及远""坚甲利刃、长短相杂、游弩往来、什伍俱前""材官驺发、矢道同的"和"下马地斗、剑戈相接、去就相薄（迫）"等五大长技，逐渐形成抵御外敌的作战优势。

"劲弩长戈""剑戈相接"，那么"戈"究竟是一种怎样的兵器？为什么会在五大长技中频频出现？

西汉皇室成员的精美收藏

位于江苏徐州的翠屏山原本寂寂无名，但是在2003年，随着西汉楚国王室成员刘治墓的发掘，这座平常的小山头一时间声名大噪。在这座从未被盗掘过的西汉早期墓葬中，考古人员发掘出了绿松石、玉印、玛瑙、琉璃珠等几十件珍贵文物，其中一件特别精美的铜戈一下就吸引住了所有人的目光。究竟这件铜戈有什么特别之处呢？

当你在博物馆内找到它的时候，或许你的目光会被一只栩栩如生的"鸟儿"吸引住。此刻的它正静静地伫立在这件铜戈的顶端，仿佛是飞行疲惫后停在枝头休息，风儿似乎吹乱了它的羽毛，鸟儿正回首整理。古代工匠们使用了错金银工艺将这幅画面生动地展现了出来。

往下看就是它的戈头，弧的部分上下均有刃，上刃和下刃向前弧收，即使经过了两千年的时光后依然锋利如初。

同样，在这件鸟形饰铜戈底部的镈上也使用了错金银工艺，仔细看看，你能发现哪些图案呢？

这个镈的形状上面比下面要略窄一些，上面的装饰可以分为三个部分，最上面的龙是趴卧着的，下面的龙是站立着的，中间还使用了卷云纹将它们隔开，充满着流动感和生机勃勃的雄浑气息。古代人们长期以采集和耕作为生，降水的丰沛与否决定了人们生存状态的好坏，因此，云和雨被人们认为是某种"神力"的体现，对之产生崇拜和敬畏之情。汉代是云纹运用面最广，也是形态最为丰富和

错金银鸟形饰铜戈　西汉
戈长28厘米，宽16.5厘米
江苏徐州翠屏山刘治墓出土
徐州博物馆藏

错金银鸟形饰铜戈（局部）

错金银鸟形饰铜戈（局部）   铜戈局部手绘图

最为生动的时期之一，云纹不仅意味着高升，还象征着如意吉祥。

　　考古资料记录，这件错金银鸟形饰铜戈在刚出土的时候可不是我们现在看到的这样，由于材质的原因，它原来的木柄早已随着时间的流逝而腐烂消失。为了让观者们看到这件铜戈完整的样子，修复专家们才新添加了这个木柄。人们在柄的尾端加上铜鐏，既起到装饰、加固作用，又在使用戈的时候能够将其安稳地插在地上。

冷兵器时代的无冕之王

　　我国著名的史学家司马迁在他所撰写的史学巨著《史记》中有过这样的记载："伏羲造戈，以铜铸之。"在许多甲骨文、青铜器铭文中，也常常可以见到描绘戈

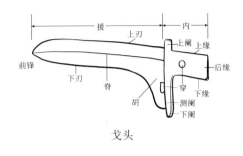

戈头

铜戈戈头各部位名称

二里头出土的铜戈示意图

的文字。《周礼·冬官·考工记》曾对戈有过这样的描述："戈秘六尺有六寸。"在我国古代重要的典章制度书籍《礼记·曲礼上》中也曾记载道："戈者，前其镈，后其刃。镈虽在下，犹为首也。"翻阅资料，我们会发现常见的戈大多由戈头、柄（秘）和末端的镈三部分组成。

而作为主角的戈头也是上下有刃，前有尖锋的"援"，后有装秘用的"内"两部分。在"内"上有穿绳缚秘用的孔，被人们称为"穿"。除此之外，为了防止勾啄时戈头脱落，在援、内之间设"阑"，并在援下近阑处下延成"胡"，胡上也有"穿"。不过这样的铁三角组合也不是从一开始就有的。考古发掘资料显示，在河南省的偃师二里头遗址就曾发掘出土过迄今为止

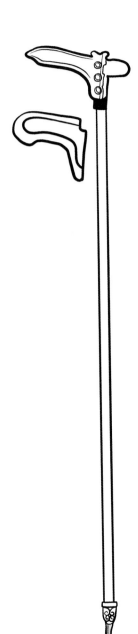

铜戈结构示意图

最早的青铜直内戈，距今已有三千六百余年。但是这时出土的直内戈和曲内戈形体瘦长，没有阑和胡，算得上是青铜戈"铁三角"组合之前较为原始的形态了。

垂直装柄，横刃有锋，戈作为一件具有中国民族特色的主战装备和进攻性武器，按照长度的不同，分为长戈、中戈、短戈三种。由于它独特的构造，在交战时既可以横击、啄刺，又能后拉勾杀，所以在战争中常常被大量地配置使用。在历史的记载中，不论是战场上近距离的步兵厮杀，还是车战中的两军冲锋，再或是水战里的两船博弈，在很多文物表面的刻画中都曾记载着古代士兵们使用戈作为兵器进行征战的场景。

馆藏在四川博物院的一件水陆攻战纹铜壶上，古代的工匠们清晰地刻画出一幅战国时期两军隔船水战的场面。画面中的兵士们手里拿着戈、矛、剑等各种兵器奋力厮杀，整场战争十分激烈。看着这样的画面，我们仿佛一下就回到了古人刀光剑影、车毂交错的铁血岁月。

诗词中的戈字

戈不仅在古代的战争中曾大放异彩，也对后来的兵器发展产生了深远的影响，甚至超越了兵器本身。东汉文字学家许慎在《说文解字》中曾记载："戈，平头戟也。从弋，一横之，象形。"早期的戟就是戈和矛的合体，也就是在戈的头部再装矛尖。它既有直刃又有横刃，具备直刺和勾啄的双重功能，杀伤力比戈和矛都要强。

作为兵器、战争的代名词，以戈为主题的故事、诗句或成语更是数不胜数。《论语·季氏将伐颛臾》就记载着"邦分崩离析，而不能守也，而谋动干戈于邦内"的语句。这是孔子和其得意门生冉有的一场对话。在记载中，他们就鲁国贵族季氏企图发动战争攻打小国颛臾的问题进行讨论，明确表达孔子反对武力征伐，主张"仁者爱人"的思想。

水陆攻战纹铜壶　战国
高40.3厘米，口径13.2厘米
四川成都百花潭中学出土
四川博物院藏

水陆攻战纹铜壶线描图

铜戟 西汉
长33.5厘米
江苏徐州狮子山楚王墓出土
徐州博物馆藏

　　明朝著名的抗倭将领戚继光也曾写下这样的诗句："一年三百六十日，多是横戈马上行"，真切地道出了将士们征战南北、风餐露宿的戎马生涯。

　　近代，随着"皖南事变"骤起，周恩来同志以诗怼敌，题写"千古奇冤，江南一叶，同室操戈，相煎何急"，充分地表达了内心极度的愤懑与震怒。

西汉的鸟形饰铜戈风潮

　　如果说戈是古代战场上常见的兵器，那么这件出土于西汉楚国皇室成员刘治墓中，造型精美，甚至还装饰着鸟儿的铜戈，真的可以在战场上杀敌吗？

　　汉代时期，随着步兵和骑兵的发展，那曾经叱咤战场的戈的地位也在不断降低，渐渐地被其他更加适用的武器所取代，失去了实战功能。根据专家的推断，

铜戈　西汉
戈宽19厘米，镦长13.6厘米
江苏徐州簸箕山汉墓出土
徐州博物馆藏

金镦金冒铜戈　西汉
通长22.5厘米，栏长11.9厘米，
援长12.6厘米，内长8.8厘米
山东淄博临淄区大武乡窝托西汉齐王墓出土
淄博市博物馆藏

这种造型的铜戈也许是当时宫廷的仪卫所使用，又或许是汉代皇室用以检阅军队或庆典活动的仪仗器具。由于它们的铸造工艺复杂，材质又很名贵，不太适宜大批量铸造，也没有办法适应大规模战争的需要，即使现在看起来戈刃依然锋利，但是它也不能再作为兵器用于战场之中了。

也许，在铜戈顶部装饰回首鸟、镦上装饰云纹的做法在西汉时期比较流行。1994年，在徐州九里山北侧的簸箕山宛朐侯刘埶的墓葬中就曾出土过与此形制类似的西汉铜戈。除此之外，在山东省淄博市博物馆内也馆藏着一件与其相似的西汉齐王墓金镦金冒铜戈。

古人云：观兵以威诸侯。《晋书》中记载，汉代对军队的校阅、考核极为重视，在每年的秋季都会定期举行。

或许我们可以想象这样一个画面，在秋季的某天，身着铠甲的汉军勇士或立于战车之上，或骑于战马之上，或立于步兵阵列之中，长戈短戈在阳光下闪耀着金光，将士振臂高呼，那该是怎样震撼而又让人热血沸腾的画面！

军事美学的发明

——韘形玉佩

两千多年前的"爱情信物"

在民间传说中曾经流传过这样一个爱情故事，一位长相英俊的少年有天去舅奶奶家，就在快到舅奶奶家村庄的时候路过村头的一座桥，无意间向河边看去，清澈的河面上倒映出一个十分美丽的少女，少女正在洗衣服。少年被深深迷住，就像被施了魔法一样再也无法挪动前行的脚步。而此时，少女也发现了正在看向自己的少年，他英武的模样让女孩羞红了脸，拿起衣服害羞地跑回了村庄。

少年满怀心事地来到了舅奶奶家，悄悄打听在河边见到的少女，得知她是村里一户虞姓人家的女儿，不仅貌美，而且聪慧能干。少年的喜悦之情让家里人看在眼里，他母亲请来他叔叔并派媒人去虞家提亲。虞家在了解了少年和他的家庭后应允了下来。自此，少年和少女便立下了海誓山盟，心心相印。

这位少年便是后来鼎鼎大名的"西楚霸王"项羽，这位美丽的少女便是虞姬。公元前206年，当项羽自立为王定都彭城之后，为了迎娶虞姬，特意寻得能工巧匠雕琢了一件龙凤纹韘形玉佩作为信物，并承诺今生只娶她一人。此份忠贞不渝的爱情为人们所向往，使得龙凤纹韘形玉佩在民间也流行开来。

尽管这只是一个传说，但是项羽和虞姬之间的爱情故事却流传千古。

博物馆里的韘形玉佩

我们不知道传说中那件独属于项羽和虞姬的韘形佩是不是真实存在过，但是这种形制的玉佩却在汉代的许多墓葬中都有发现。1986年，经文化部批准，考古工作者们开始对江苏省徐州市北洞山西汉楚王墓进行清理发掘。在这位墓主人的随葬品中，人们发现了一件淡青色、质地细腻的龙凤纹韘形玉佩，现藏于徐州博物馆。

每一位刚见到玉佩的人也许会为它"奇特"的造型而感到困惑，这件看起来扁平的玉器一侧被雕刻成了龙的模样，并且龙的面部被刻画得十分清晰，昂首挺立，看起来十分精神；另一侧则被雕琢成了凤的形状，仿佛在回首展望。汉代的艺术家们采用近似立体圆雕的手法在玉饰的正面和背面让它们同时出现，保持整体轮廓造型的同时又分别有着不同的灵动身姿。在中国传统文化里，龙和凤的形象从古至今都代表着吉祥如意。在古代先民的想象中，"龙者，鳞虫之长"，能短能长，可呼风唤雨，而凤则是百鸟之王，出于东方君子之国，翱翔于四海之外。当两个具有美好寓意的神异动物结合在一起，便有了龙凤呈祥之美意。

你一定注意到了在这件玉饰上端有一个尖尖的形状，中间有圆孔，有的人说这样的造型像一个盾牌，也有人说它像是鸡心的形状，所以人们也将它称为"鸡心佩"。在这块玉佩的中间还有一个大大的椭圆形空洞，十分夺人眼球，让人一时摸不着头脑，它究竟有何功能？

军事美学：射箭活动与"韘"

要想揭开这个谜团，或许我们还要从这件玉饰的名字说起，究竟"韘"字有

浮雕龙凤纹韘形玉佩　西汉
长5.6厘米，宽4.2厘米，
厚1.4厘米，孔径2.2厘米
江苏徐州北洞山楚王墓出土
徐州博物馆藏

玉韘　商朝后期
外径3.46厘米，内径2.32厘米
河南安阳殷墟妇好墓出土
中国社会科学院考古研究所藏

哪些奥秘？东汉文字学家许慎在《说文解字》中说："韘，射决也。所以拘弦，以象骨，韦系，着右巨指。"在古代，韘曾经具有射御的功能，与射箭活动有着密不可分的关系。射箭时除了要准弓和箭之外，往往还需要为射手准备一枚"韘"，将它戴在用于勾放弓弦的右手大拇指上，这样在扣住弓弦时保护手指不被弓弦所勒伤。在放箭的时候，也可以防止急速发射的弓箭擦伤手指。1976年，考古工作者们就在位于河南省安阳市殷墟的妇好墓中发掘出土了一枚来自商代的玉韘。

妇好是商王武丁的王后，在她的墓中不仅发现了许多代表她王室身份的物品，还发现了不少与战争有关的器物。这些似乎都说明妇好不只是一位高贵的王后，还是一位能够带兵打仗的女将军。在这枚玉韘上，人们发现有明显的弓弦摩擦痕迹，也许这正是妇好征战时经常使用的随身之物。而一边长一边短的"斜切面"也更符合人体工学，佩戴时不仅贴合手指，也更为舒适。让我们想象这样一个画面，当女将军妇好在战场上拉开弓箭时，手上玉韘长的一面刚好牢牢地护在指腹上，让手指免受箭弦摩擦的损伤，弓弦被玉韘上凹槽固定，不会上下滑动，射箭也就更加事半功倍。

可如此光滑的玉制品若直接套于拇指上是不是很容易滑落呢？这可会大大影响女将军在战场上的表现。设计者贴心地在玉韘的正面穿了一对小孔用来系绳，绳子缚于腕部，这样就可以牢牢地将玉韘套于拇指上。

佩戴着玉韘征战在沙场上的女将军妇好让我们看到了"韘"这种器物在殷商时期的实用性和其中所蕴藏的尚武精神。冷兵器时代，弓箭作为一种可以远程射击的武器，地位可谓是非同一般，不仅出现在射猎活动中，更是在战争里占据着极其重要的地位，所以韘的重要性也就不言而喻了。

韘的功能升级

韘作为开弓的器物，坚韧是对其材质最基本的要求，记载中它通常采用皮革、玉石、硬木、象骨等材料制成。也许是为了让其更好地保护手指，使勾弦变得更方便；也许是在实战中每次拉弓射箭都得准确地将弓弦放进凹槽中，并且需要及时、迅速；也许从凹槽中射出弓箭加剧了向外发出时的摩擦力，会减少箭的射程；也许还有很多种其他原因，韘的制作者们开始在造型上进行一步步优化、调整。将妇好玉韘、梁带村芮国遗址博物馆馆藏的西周金韘和徐州博物馆的这件玉韘做一个对比，我们就会发现明显的区别。

妇好玉韘可能的佩戴方式

与妇好墓出土的那枚玉韘相比，西周时期的金韘在整体造型设计中发生了明显的改变，制作工艺越来越精致，造型也越来越扁平化。这枚金韘的整体是较短的斜筒状，底部平齐，上面呈现出高低相差极大的斜面。从背面看，它就像是一个橄榄果核一样，上下两端的部分呈现出尖尖的模样。如果将它摆正从正面看，你觉得它像什么呢？前端顶部似乎就像是一只鹰首，额部中央前凸，嘴巴尖锐，双眼深邃，形象生动。更有趣的是，它的"双眼"处设计了方便人们用于系挂的穿孔。原本用于勾住弓弦的凹槽也没了踪影，取而代之的是在侧面增加了一个方钩形凸起物。但是这种造型的韘应该如何使用呢？

有的学者推测它可能和妇好玉韘一样，是套在拇指上使用，也有人认为是套在食指上。由于没有更多的文献记载，这也成了古人留给我们的一个谜题。如果你刚好也学习过射箭，或许可以制作一个模型，亲自试验一番。

到了西周时，人们在射箭活动时依然会使用韘这种物品，但是人们也开始有意识地将其制作得更加精美，它成为一种身份地位和权力的象征。在一部收集了

金韘　西周晚期
陕西韩城梁带村芮国27号墓出土
梁带村芮国遗址博物馆藏

金韘手绘图

西周初年至春秋中期纪事的诗歌集《诗经·卫风·芄兰》中有这样一段优美的文
字："芄兰之叶，童子佩韘。虽则佩韘，能不我甲。容兮遂兮，垂带悸兮。"短短
几句，此诗就形象地表现出了男孩佩韘后行为举止的变化，同时也说明那时韘除
了是射箭活动中的实用性用具之外，也是一件人们经常佩戴的装饰性物件。或许
这枚金韘就是按照当时实用韘的造型铸造而成的装饰品吧！

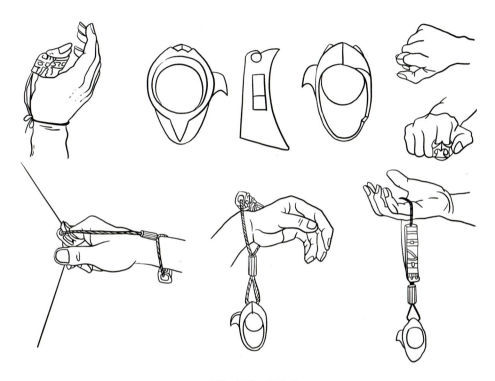

西周时期用韘的可能方式

韘，从实用美学到装饰美学

随着战争方式的变化，战场上的兵器也在不断地更新迭代。东汉时期一位名为赵晔的文学家在他的著作《吴越春秋》中曾记载，战国时有位姓琴的楚国人，横弓着臂，施机设枢发明了弩。弩射程适中、杀伤力强，且命中率更高。弩机出现后，渐渐地被人们大量运用在战场上，韘也逐渐失去了实用价值。由于韘的质地较硬，在战场上戴上韘拉弓射箭的同时就不方便拿其他的武器。如果摘下来，想要再使用弓箭的时候，就要再次戴上，极为不便。韘的实用功能渐渐让位于佩戴的装饰性功能。

云纹白玉韘（玦）　战国晚期
山东淄博临淄区商王村二号墓出土
淄博市博物馆藏

玉韘（玦）　春秋晚期
山西太原金胜村赵卿墓出土
山西博物院藏

任何一件物品的出现与变化都是在人们不断的探索和长期的实践里逐渐产生的。在全国各地出土的战国韘形文物中，不难发现，不仅有用于射箭的实用型玉韘，也有用于装饰的韘形玉佩。也许，当时的人们已经在使用韘进行射箭活动的同时也将之逐渐制作成了精美的佩饰，用以彰显自己的身份。直至汉代，这种装饰物才被人们大量设计成了韘形佩饰，从浅环形斜筒的形状也渐渐变得更加扁平，彻底地转变成了装饰品，退出了实用器的舞台，成为文章开头那件馆藏于徐州博物馆里龙凤纹韘形玉佩的模样。

汉代韘形玉佩造型多样、风格各异，雕刻的纹样更是各有不同。汉代玉匠们在一件小小的玉佩上呈现出巧夺天工的构思，不管是徐州北洞山西汉楚王墓出土的龙凤纹韘形佩，或是广州南越王墓出土的镂雕云纹玉韘形佩，还是河南永城僖山汉墓出土的、呈现出尖状造型的玉韘形佩等，各博物馆所藏汉代玉韘形佩数不胜数，不约而同地为后世观者展示出了大汉盛世下的古朴之美。

中国玉器的审美和工艺是在曲折中发展的，新、旧模式不断交替。韘也是这

勾连云纹玉韘　西汉
长5.6厘米，宽4.6厘米，高1.2厘米
上海博物馆藏

玉韘佩　西汉
广东广州南越王墓出土
广州南越王博物院藏

玉韘形佩　西汉
长7.4厘米，宽4厘米，厚0.5厘米
河南永城僖山汉墓出土
河南博物院藏

样，由最初的圆筒状实用器改变到趋于片状的装饰器。汉代之后，韘逐渐淡出了人们的视野，直至清代才再度流行起来，重新变成了上下平齐的圆柱形。但清代的韘也不再具备勾弦的功能，更多时候成了人们手上一种"时髦"的饰品，也就是广为人知的"扳指"。

西汉楚王的珍藏

——铁甲铁胄

中华大一统的战略重镇——徐州

《尚书·禹贡》中曾记载，夏朝的开国君主大禹曾把天下分为了九州，分别为：冀州、兖州、青州、徐州、扬州、荆州、豫州、梁州、雍州。

现在，我们就来看看这传说中九州之一的徐州。徐州，在古时候被人们称作"彭城"，由于它独特的地理位置，历来便有着"五省通衢"的称谓，自古便是商贾云集中心，兵家必争之地。

古人云：彭城之得失，辄关南北之盛衰。徐州占据着一个众人艳羡的核心地位，在它的周围接壤着苏、鲁、豫、皖四省。在身处南方的军事家眼里，如果攻占了徐州这个地方，就等于拿到了打开北方大门的一把钥匙；而在身处北方的军事家眼里，如果占领了徐州之地，也就等于是占领了向南方进军的桥头堡。因此，人们也形象地将徐州比喻为"北国锁钥"和"南国重镇"。

纵观徐州的历史，从古至今发生在这里的战争就多达400余次，其中最著名的有：公元前209年，泗水亭长刘邦拔剑斩蛇，于徐州沛城起兵；公元前202年，楚汉决战于徐州九里山，张良夜里吹箫瓦解楚兵，韩信领兵占领彭城；公元623年，李世民讨伐徐元朗，占领徐州；公元1232年，蒙古军南下，蒙、金争夺徐州等。

战场上的防护装备——甲胄

"九里山前古战场，牧童拾得旧刀枪。"在如此这般战争频发的地方，往往也少不了各种兵器的出现。当我们走进徐州博物馆的"金戈铁马"展厅，你会发现这里展陈着历史中历次大战所遗留下来的大量进攻和防守型兵器，其中，一套来自西汉楚王珍藏的防护用具格外吸引人们的眼球。

瞧，这件看起来像筒状的器具叫作胄，有时人们也将它称为兜鍪、头鍪或者盔。从正面看，是不是像极了我们字典里的"风"字？在这件铁胄的前部有个方形开口，当人们带上它的时候就可以露出眼、鼻和口部，不仅可以保护头部、脖颈和肩部，也不影响佩戴者头部和脖颈处的活动。

有战争的地方，就有伤亡。在冷兵器时代的战争里，身为一名即将奔赴战场的战士，若想要建功立业、降低伤亡，除了自身拥有优秀的作战能力之外，身穿一件制造精良的护身装备也是必不可少的。有了可以保护头部的铁胄，那么自然也少不了可以用来护身的铁甲。

这件与铁胄摆放在一起的铁甲由身甲、盆领、肩、披膊及甲裙五个部分组成。大小不同的甲片如同鱼鳞一般被叠压穿缀在一起，看起来无比坚硬，穿在身上可以保护将士身体上的重要部位免受冷兵器的伤害。

当古代的将士头戴铁胄，身穿铁甲，该是怎样的英勇形象？徐州狮子山兵马俑坑出土的踞坐甲胄俑为我们还原了这个画面。

这位跪坐在地上的将士，头戴风字形胄，胄檐垂至双肩，从近乎方形的开口处可以清晰地看出他的面容，形象地向我们展示了汉代以铁甲铁胄武装起来的军人军容。

铁胄　西汉
江苏徐州狮子山楚王墓出土
徐州博物馆藏

　　在冷兵器时代，甲胄作为一种非常重要的军事装备，也并不是所有士兵都可以随意穿戴的。古代的制甲工匠们会根据当时车、骑、步等作战场合的实际需要来设计制作不同功能的甲胄。根据专家推测，能有资格享受这种"风"字形盔、身着铁铠的，也许是古代战争中站在战车上指挥作战的将领。在进行战斗的时候，古代的将士们以战车为核心，有的将士站在车上，有的将士则跟在车下，当其中一方的车阵被对方击溃之后，他们之间的胜负便成了定局。这些站在战车上的将士无疑就是这个战斗群的中坚力量和指挥者，是需要重点加以保护的人。

曾经大规模制造的铁甲、铁胄

　　在西汉时期，冶铁技术在高速发展的同时，制作铁甲、铁胄的工艺也在不断

铁甲　西汉
江苏徐州狮子山楚王墓出土
徐州博物馆藏

铁甲手绘图

踞坐甲胄俑　西汉
宽18厘米，高25厘米
江苏徐州狮子山兵马俑坑出土
徐州博物馆藏

地提高。根据北京科技大学冶金与材料史研究所的检测，在这件铁甲铁胄中的部分铁片里，古代的工匠们不仅采用了特殊的冷锻打和热锻打加工工艺，在有的铁甲片中，古人甚至还将两块含碳量不同的钢材叠合在一起进行锻打。这样制作出来的甲片不仅韧性强、硬度高，防护效果自然也就更好。拥有了如此优质的制作技术，汉代的铁甲和铁胄的需求量与生产量也变得更大。

在《东观汉记》中记载过这样一个场景，当汉代建世帝刘盆子（公元25—27年在位）率领20万人马向刘秀（公元25—57年在位）投降的时候，在宜阳城（现河南洛阳）西堆积的铠甲，就像是熊耳山（秦岭东段规模较大的山脉之一）那么高。

甲胄的发掘与修复

不过，这件铁胄和铁甲在出土的时候，可并不是我们现在所看到的模样。考古工作者们在最初发现这些甲胄的时候，它们都还只是散落满地的碎片。

1994年12月，经过国家文物局批准，考古工作者们对位于江苏省徐州市狮子山顶的一座大型西汉楚王陵墓进行了考古发掘，虽然在发掘时这座墓

甲衣修复场景

葬已经遭到了严重的盗扰，好在内墓西侧南端的耳室幸免盗劫。

在考古发掘中，考古工作者们不仅发掘出土了许多铜铁兵器，还在墓室和甬道等处发现了近万片散乱分布的铁铠残块和甲片。这样的发现轰动了我国考古界。在当时，由于出土的铁甲片锈蚀严重，文物整理修复成了专家们首要的任务。

修复专家们通过对甲片的大小、形状、数量、孔径、编缀方法等进行全方位的研究，并与全国各地出土的甲胄标准做对比，使用麻绳、丝带进行编连，用皮革和丝绸包边衬里，经过几年的精心修复，终于将这些散乱的珍贵铁盔甲整理成功并加以复原，才变成了我们现在看到的模样。

据说，在进行甲胄修复工作的时候还发生了一个有趣的小故事呢！有一天，修复部门的工作者在修复时发现甲片和甲片之间的连接用到了麻绳，于是徐州博物馆专程请来一位善于搓麻绳的老太太进行现场教学。修复部门的一群大学生之前哪里做过这样的活儿啊！只见他们拿着绳子在牛仔裤上笨拙地来回搓动，样子

十分滑稽。但也通过这样的小插曲，我们深深地感受到了修复工作者们对于不擅长的事情不放弃、认真学习的精神。

目前，徐州博物馆已成功地修复了四件铁甲与一件铁胄。想想，这可真是一项非常了不起的修复成果！也正是随着这套防护装备被修复复原，考古工作者们意外地发现，这位被葬于徐州狮子山的楚王好像是一位"胖子"。

听说，"神秘楚王"是个胖子？

由于在狮子山楚王陵这座墓葬中没有发现能够确定墓主人身份的物品，所以关于墓主人的身份也一直扑朔迷离。可为什么要说这位楚王是一位"胖子"呢？

原来在甲胄的修复过程中，修复工作者们有的时候需要找人来试试这种甲胄修复后的穿着效果。经过徐州医学院检测，推测这位楚王的身高约1.72米，于是徐州博物馆就找来了一个相同身高的同事进行试穿。试穿者在试穿后非常直观地有了两个感受，第一个就是重，单单是这件铁甲就重达16.5千克（33斤）！第二个感受就是，这件铁甲穿上去着实宽大啊！如此想来，如果这位楚王身高1.72米，再合体地穿上这件铁甲的话，身材应该是非常壮硕的。

生命美学意义：不同材质的甲衣

当然，除了这套汉代楚王珍藏的铁甲、铁胄之外，在全国各地的博物馆中，我们也会看到许多不同材质、不同形制的防护性装备。

春秋时期著名的哲学家管仲认为，甲胄的发明者是上古时期九黎部落联盟的酋长蚩尤。传说，蚩尤部落中擅长使用刀、斧、戈的刀兵，佩戴"铜头铁额"，刀枪不入。传说中的神兵利器究竟是怎样的，我们并没有实物为证。

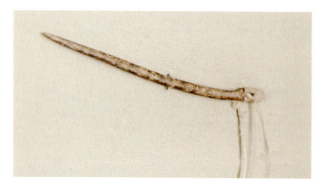

骨针（复制品）　旧石器时代晚期
中国国家博物馆藏

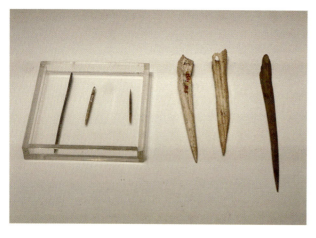

骨针、骨锥　仰韶文化
中国国家博物馆藏

　　早在还没有文字记载的远古时期，先民们在与野兽搏斗的过程中发现，有些动物身上厚且坚韧的兽皮可以在一定程度上抵御外来的攻击，于是人们便开始将兽皮披在身上，或者使用树的藤枝编成护甲穿在身上来保护自己。1930年，人们在北京郊区房山周口店龙骨山山顶洞人的居住遗址中发现了一枚骨针，这是我国目前发现最早的旧石器时代的缝纫编织工具之一。也许早在几万年前，我们的祖先就已经开始使用兽皮等来缝制简单的衣物。

　　这种使用了整片皮制作而成的护甲穿在身上行动起来着实不太方便，所以聪明的古人按照护体部位的不同，先将兽皮切成大小不同、形状各异的皮片，然后

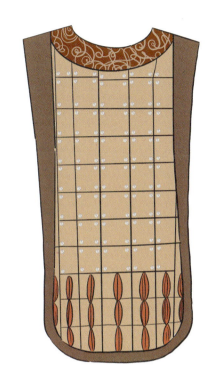

湖北随州曾侯乙墓武士身着
皮甲复原示意图

皮甲片复原示意图

在每块皮片上做出小孔，再用细绳穿连缝缀起来，这样的话行动起来是不是就轻松很多啦？

　　1978年3月，湖北省随州战国时期的曾侯乙墓葬中发掘出土了大量的皮甲胄，或许是因为被墓中的积水常年浸泡，连缀甲片的丝带早已被腐蚀断裂，多数甲胄解体分开、甲片也散乱在地上。因为皮甲这种材质会在使用或收藏过程中受到湿度和温度变化的影响，经常卷翘、变形、断裂或者被腐蚀。为了解决这个问题，制甲工匠们还会在皮甲片上涂刷特殊的漆膜，不仅可以对甲片进行加固，还可以起到装饰的作用。

石胄　秦代
陕西西安秦始皇陵园K9801号坑出土
陕西省考古研究院藏

石铠甲　秦代
陕西西安秦始皇陵园K9801号坑出土
陕西省考古研究院藏

《五百强盗成佛故事》壁画　西魏
敦煌莫高窟285窟南壁

　　古代甲胄的变化，经历了一个漫长而曲折的过程，社会的军事、政治、经济、文化等因素都决定了它的发展轨迹，不同时代的甲胄也有属于那个时期的不同特征。除了我们看到的铁甲、皮甲之外，在历史记载中，还出现过纸甲、绢甲、藤甲、铜甲、石甲等不同材质的防护性服饰，不仅士兵们需要护甲，就连战马也需要护甲来保护。

　　在敦煌莫高窟285窟南壁一幅西魏时期的壁画上，一场激战跃于眼前。画面中的战马们身披护甲，昂首飞驰向前，身着铠甲的战士们似乎在嘶吼着，拼力搏杀着。

　　在冷兵器时代，不管是在人们杜撰的小说故事中，还是在真实的历史战场上，甲胄作为军队的主要装备之一，和兵器相辅相成，深得众人珍爱。虽然它称不上价值连城，却与生死安危息息相关，其生命美学的意义至今依然重大。

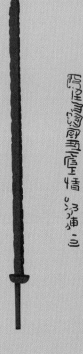

西陵阳寿里尾惰 池□三

有"出厂证明"的兵器

——"五十涑"铭钢剑

汉高祖刘邦"斩蛇起义"

古往今来，只要提到汉朝开国史，就一定离不开这样一句话："汉高祖提三尺剑，斩蛇起义。"

相传，汉高祖刘邦有一把装饰着七彩珠、九华玉、寒光逼人、金光闪烁、刃如霜雪的宝剑，剑身镌刻两个篆字：赤霄。在民间流传下来的故事里，汉高祖刘邦就是凭此剑于大泽怒斩白蛇，开始了他的帝王霸业。

公元前209年，由于秦朝的暴政，民不聊生，陈胜、吴广起义。一时间诸侯并起，天下大乱。刘邦返回家乡沛县召集人马，自称赤帝的儿子，正式举起了反秦大旗，经过七年的南征北战，最终建立了大汉王朝。

农民送来的"镇馆之宝"

传说故事中的赤霄宝剑谁也没见过，但是在徐州博物馆"金戈铁马"的展厅内陈列着一把"神奇"的汉剑。据说，这把剑在来到博物馆的时候还经历了一番曲折。

"五十涷" 铭钢剑　东汉
长109厘米，宽3.1厘米，厚0.8厘米
江苏徐州曹山汉墓出土
徐州博物馆藏

1978年4月的一天，有一位姓曹的村民背着一个军用绿背包、带着一个孩子来到了徐州博物馆，他在和博物馆的工作人员寒暄几句之后便从包内拿出一个手帕包成的小布包。究竟里面是什么东西，竟然让这位村民包得如此谨慎？只见他小心翼翼地拆开后，里面放着的竟是一枚用废报纸包裹着的柿蒂镜，这可是东汉晚期文物啊！这枚铜镜整体保存完好，绿锈上还有残存的泥土，一看就是刚出土不久。

这件文物的出现立刻引起了博物馆工作人员的高度重视，然而更让人震惊的事是，这位曹姓村民竟然说他还发现了一把"诸葛亮"的剑！原来这位曹姓村民在拖龙山南坡采石建房的时候挖出了一些砖，同砖一起被挖出来的还有一把"宝剑"和一些瓦器。因为在那把"宝剑"上他看到了一排很小很细的金字，除了一个"蜀"字之外，很多字都不太认识，所以他觉得这应该是诸葛亮的佩剑。

这可是一个非常重要的信息，为了确保这些文物不受损失，博物馆的工作人员立刻前往文物发现地，经过几番周折终于将这把剑征缴入馆。

保护文物，人人有责。《中华人民共和国文物保护法》规定："中华人民共和国境内地下、内水和领海中遗存的一切文物，属国家所有。"但当时如果没有这位曹姓村民主动将宝剑送交到博物馆的行为，或许现在我们也很难在馆中看到它完整的模样。

汉代铜铁制造业的水平

这把剑的整体长度为109厘米，最薄的地方只有3毫米厚，看起来锋利极了！制作如此精美的锋利宝剑，它的主人到底是谁呢？会不会真的是这位曹姓村民口中说的那位三国时期蜀汉丞相诸葛亮呢？

其实在这把剑的剑身上，就藏着它的"出生小秘密"。考古工作者们从剑身上的铭文里，找到了它的"出厂证明"。

"五十湅"铭钢剑铭文

在这把剑的剑身下端正面用隶书写着"建初二年蜀郡西工官王愔造五十湅□□□孙剑□"的金色字样，往下看，在剑身处的象牙质剑格上还刻着隶书"直千五百"四个字，这些文字简直就是这把剑的"身份证"呀！现在，我们就来拆分这句话，看看它到底说了什么？

"建初"，是东汉皇帝刘炟的第一个年号；建初二年大约是公元77年。

"蜀郡"在今天的成都地区，"工官"是负责监管制造武器、日用金属品、工艺品的官吏。

"王愔"是这位工官的姓名。

"五十湅"代表了汉代国家认定的锻造质量标准体系。

"直千五百"说明了它的商业标价为1500个五铢钱。

这段铭文翻译成现在的语言就是：这是一把于公元77年由一位来自成都、名叫王愔的工匠锻打了50遍的钢剑，售价为1500个五铢钱。

短短的铭文把这把钢剑的时间、产地、工艺、工匠和市场价值等信息交代得一清二楚。而这件当年价值1500个五铢钱的"有价之宝"，现在也已经成为千金不换的"无价之宝"。如今，这把钢剑经历了一千九百多年的漫长岁月，看上去依然锋利如初！

"五十湅"铭钢剑中的"炒钢"工艺

人们常说：百炼成钢。在古代，想要制作这样一把质地上乘的钢剑，并不是

"永初" 纪年钢刀　东汉
长111.5厘米
山东苍山东汉墓出土
中国国家博物馆藏

一件简单的事情。根据记载，大约在西汉中晚期的时候，出现了用生铁 "炒" 成熟铁或钢的新工艺。那时的工匠们将生铁加热成液态，然后利用鼓风或是撒入矿石粉等方法不断地搅拌，促使生铁中的碳氧化掉。在搅拌过程中，由于碳的含量不断降低，最终可以成为熟铁。但如果人为控制地把含碳量降到所需要的比例，适时停止搅拌，就可以得到钢，也就是我们所说的 "炒钢"。

有了这样的炒钢，制作钢剑也就有了可用的原料。而徐州博物馆里的这一把 "五十涷" 铭钢剑就是使用了这样的炒钢作为原料，经过反复加热锻打制作而成的。但由于当时国内的铁矿出产的铁含铁量并不高，这种制钢方法不仅工作量大，效率还很低，虽然 "数年得神兵三五把" 是一种夸张的讲法，但也足以证明汉代铸剑师的辛苦。

在全国各地的博物馆中，馆藏汉代出土的铁剑简直是数不胜数，但是像 "五十涷" 铭钢剑这样有铭文且有纪年的兵器确是少之又少。1974年在山东省苍山东汉墓中也曾出土过一把刀身刻有 "永初六年五月丙午造卅涷大刀吉羊（宜子孙）" 铭文的东汉钢刀。根据检测，这把钢刀也是使用了 "炒钢" 作为原料进行了多次锻打制作而成的。

它的剑鞘去哪了？

墨子曾说，用剑的好处就是可以刺可以砍，被别的器械击了也不会折断。然而一把锋利的宝剑，在不使用它的时候会将它装进哪里？

一把宝剑配一个剑鞘，当我们走近一些，仔细观察这把"五十湅"，便会发现在剑把上还残留着麻织物的痕迹。通过检测发现，它的剑鞘应为苎胎髹漆质地。

在古代可没有现在所常见的化学漆料。古代的匠人们从漆树上采割一种乳白色纯天然液体作为涂料，这样的天然生漆涂上之后可以对物体起到很好的保护作用。而这把剑的剑鞘则是古人们先使用天然植物苎麻进行编织，再往上面涂抹这种天然生漆制作而成的。不过非常可惜，随着时光的流逝，这把剑的剑鞘只剩下腐烂后附着在剑身上的些许痕迹了。

剑，军事美学收藏品

剑，素有"百兵之君"的美称，剑的出现可谓是历史久远。古人有云："帝采首山之铜铸剑，以天文古字铭之。"传说，古华夏部落联盟首领轩辕黄帝使用铜铸造出了剑。在历史的记载中，随着青铜器被人们广泛使用，也促进了兵器的制造与发展，关于"剑"这种兵器也渐渐地被更多人所提及，青铜剑也随之出现。春秋时期著名的越王勾践剑也是留存至今的青铜剑中的翘楚，一千多年之后依然光彩耀眼，锋利异常。

随着人们对剑的需求越来越大，对剑的品质要求也越来越高。在汉代，因为冶铁工艺的大步提升与"炒钢"技术的出现，古人在制剑的材料上有了更多的选择，铁剑与钢剑也逐渐取代青铜剑被人们大量地运用在战场之上。汉剑作为当时战场上步兵们征战时的主要配备，还可以与盾牌一起配合使用，组成剑盾。

兵器的更迭不是一蹴而就的。在汉代，随着骑兵的快速发展，人们对适合的军事装备也有了更高要求，为了能更好地发挥士兵在马背上进攻击杀的能力，一种形制简单、工匠们更易锻造的兵器——环首刀出现了。由于它的劈砍功能更强，

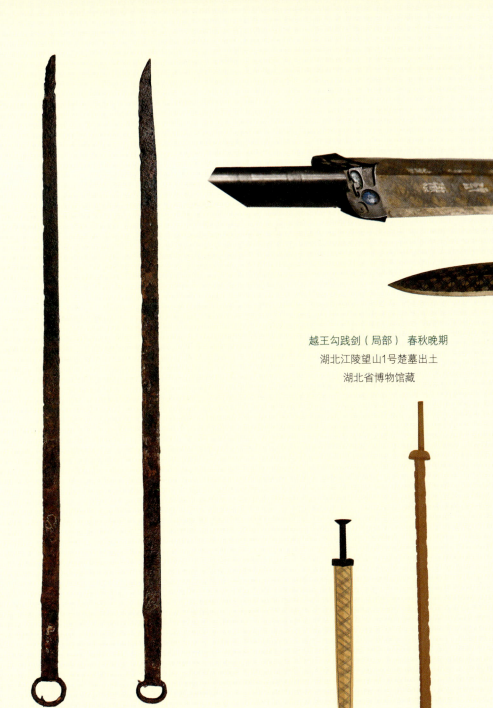

越王勾践剑（局部） 春秋晚期
湖北江陵望山1号楚墓出土
湖北省博物馆藏

环首铁刀　西汉
长97、98厘米
江苏徐州狮子山楚王墓出土
徐州博物馆藏

越王勾践剑、"五十涷"铭钢剑手绘图

彩绘陶执兵俑　西汉
宽13厘米，高50厘米
江苏徐州北洞山楚王墓出土
徐州博物馆藏

环首刀渐渐地取代了剑，成为战场上的装备主流。

剑虽然在汉代的军事装备中逐渐被取代了，但是它在汉代的服饰和击剑、舞剑等活动领域中依然备受人们推崇。

古人云：剑，人所带兵也。《晋书·舆服志》里说，在汉代，上到天子下至文武百官无不佩剑。试想，一个人在平日里身穿华服，佩戴一把制作精美的宝剑，该是何等的威风啊！而这样的佩剑形象在许多汉代出土的陶俑中也得到了印证。徐州北洞山西汉楚王墓出土的彩绘陶执兵俑中就可以看到士兵佩剑的模样，这些佩剑被古代制作陶俑的工匠们直接画在了士兵的身上。

古人将剑佩戴于身上，不仅可以用来装饰、彰显身份，还可以防身，就连使

汉画像石比剑场景拓片

用剑作为武器的击剑运动也盛行不衰。在许多汉画像石中，我们经常能看到汉代时期人们击剑比武的画面。

在击剑比武的运动之风影响下，就连文人学士也开始走上了习剑之路。汉代大辞赋家司马相如在年少的时候就已经开始学习击剑。著名的汉代文学家东方朔也是在十五岁的时候进行了击剑的学习。

也正是因为比剑，在西汉时期，还曾经引发过一件祸事。相传，淮南王刘安的儿子刘迁也是自幼习剑，自认天下无敌。有一日，他听闻淮南王手下有一个名叫雷被的中郎将剑术非常高明，便想与他一决高低。雷被一再推辞不过，只好勉强与之比赛。在比赛开始后，刘迁求胜心切，频频发起攻击，逼人太甚，而雷被也再三退让，终于忍无可忍出手还击。结果因为出手太重，击伤了刘迁。刘迁受伤之后十分恼怒，他向淮南王告状，淮南王爱子心切，雷被也因此被迫丢了官职。雷被害怕再被惩罚，从淮南逃到京城长安，向当时的皇帝汉武帝刘彻告状。于是汉武帝开始下令调查此事。

这次的比剑，就像是一个导火索，引发了后来历史中非常著名的"淮南大案"，导致了汉武帝时期最大的一次诸侯王叛乱。

汉代比剑手绘图

　　在文献的记载中，与剑有关的故事还有很多很多。如今，不管是中国传统体育项目中的武术剑，还是奥运赛场上的击剑比赛，剑，依然在我们的生活中有着不可撼动的一席之地。

参考文献

世界之大　四方交融

〔美〕巴菲尔德著，袁剑译：《危险的边疆：游牧帝国与中国》，江苏人民出版社，2011年。

〔美〕孔斯莫·尼古拉著，张文平译：《中欧亚大陆游牧民族的兴起》，《蒙古学信息》2003年第4期。

〔日〕林俊雄著，陈心慧译：《草原王权的诞生——斯基泰与匈奴，早期游牧国家的文明》，台湾八旗文化出版社，2019年。

程晓伟：《汉代嵌贝鹿形席镇》，《文物春秋》2017年第1期。

刘景华：《论古代中北亚游牧民族的移动及其影响》，《长沙电力学院学报（社会科学版）》2002年第1期。

刘瑞：《徐州北洞山楚王墓墓主考》，《考古》2008年第10期。

陆志红：《先秦两汉席镇研究》，《考古学集刊》第19辑，2013年。

罗新：《有所不为的反叛者：批判、怀疑与想象力》，上海三联书店，2019年。

麻赛萍：《汉代灯具燃料与形制关系考》，《考古与文物》2019年第1期。

麻赛萍：《汉代灯具研究》，复旦大学出版社，2016年。

孟强：《徐州东洞山三号墓的发掘及对东洞山汉墓的再认识》，《东南文化》2003年第7期。

邵会秋、吴雅彤：《早期游牧文化起源问题探析》，《北方文物》2020年第1期。

史永、贺贝：《珠宝简史》，商务印书馆，2018年。

孙机：《中国古舆服论丛》（增订本），上海古籍出版社，2013年。

孙志新主编，刘明、徐畅译：《秦汉文明——历史、艺术与物质文化》，社会科学文献出版社，2020年。

王丹、杨军：《从海昏侯墓出土漆纱残片小议西汉之大冠》，《南方文物》2019年第6期。

王明珂：《游牧者的抉择：面对汉帝国的北亚游牧部族》，上海人民出版社，2018年。

王永胜：《云南古代贮贝器器盖艺术》，《收藏家》2003年第11期。

乌恩：《我国北方古代动物纹饰》，《考古学报》1981年第1期。

武耕：《画图麒麟阁，入朝明光宫：汉代明光宫的珍宝》，《大众考古》2019年第1期。

辛欣：《北方地区战国至辽"金饰墓主现象"研究》，西北师范大学2020年硕士学位论文。

徐州博物馆编：《汉风物语：文物背后的故事》，江苏凤凰美术出版社，2017年。

早期秦文化联合考古队、张家川回族自治县博物馆：《甘肃张家川马家塬战国墓地2012—2014年发掘简报》，《文物》2018年第3期。

张国刚：《人类的童年与文明的边疆》，《读书》2020年第5期。

赵婷：《陇山中的王者气象：马家塬战国戎人墓地出土文物奇珍》，《收藏家》2017年第12期。

源远流长　楚地传承

陈钊、杜益华：《徐州博物馆攻略》，白山出版社，2015年。

董诰：《全唐文》，中华书局，1983年。

方勤、胡刚：《枣阳郭家庙曾国墓地曹门湾墓区考古主要收获》，《江汉考古》2015年第3期。

冯光生：《湖北枣阳郭家庙墓地音乐考古新发现》，《中国文物报》2015年5月8日。

冯艳：《汉代错金银青铜器研究》，南京艺术学院2014年硕士学位论文。

管军波：《几时天下复古乐 此瑟还奏云门曲——浅论中国古代的弦乐器"瑟"》，《南京艺术学院学报（音乐与表演版）》2005年第1期。

郭素新、田广金：《西沟畔匈奴墓》，《文物》1980年第7期。

胡琰梅：《中国古人如何吃烤肉》，《大众考古》2019年第4期。

湖南博物院编、郑曙斌著：《马王堆汉墓遣策整理与研究》，中华书局，2022年。

李加宁：《中国古代乐器装饰艺术初探（续）》，《乐器》1996年第1期。

李零：《"方华蔓长，名此曰昌"：为"柿蒂纹"正名》，《中国国家博物馆馆刊》2012年第7期。

李欣：《考古资料所见汉代"烤肉"风俗》，《四川文物》2016年第1期。

李学勤：《良渚文化玉器与饕餮纹的演变》，《东南文化》1991年第5期。

李银德：《中国玉器通史·秦汉卷》，海天出版社，2014年。

栗建伟：《周代乐仪研究》，华中师范大学2014年博士学位论文。

刘道广：《所谓"柿蒂纹"应为"侯纹"论辨》，《考古与文物》2011年第3期。

刘耐冬：《先秦秦汉时期金银工艺及金银器研究》，中国地质大学（北京）2006年硕士学位论文。

刘晓、齐东林：《安吉五福楚墓出土瑟及相关问题》，《东方博物》2016年第1期。

刘晓：《瑟演变初探》，《南方文物》2013年第2期。

潘玲:《西沟畔汉代墓地四号墓的年代及文化特征再探讨》,《华夏考古》2004年第2期。

潘鑫、张雅宁:《长袖舞的发展历程及对当代舞蹈的影响》,《大众文艺》2011年第18期。

彭定求:《全唐诗》,中华书局,1960年。

齐东方:《中国早期金银器研究》,《华夏考古》1999年第4期。

沈阳、徐欣宁:《从汉画像石看徐州汉代舞蹈的审美特征》,《北京舞蹈学院学报》2012年第3期。

沈阳、徐欣宁:《徐州汉画像石舞蹈形象研究》,《艺术百家》2011年第A0期。

孙福喜等:《西安北郊枣园大型西汉墓发掘简报》,《文物》2003年第12期。

孙机:《汉代物质文化资料图说》,上海古籍出版社,2011年。

孙景琛、吴曼英:《中国历代舞姿》,上海文艺出版社,1982年。

王铭:《周公制礼作乐的时代背景》,《北方音乐》2019年第9期。

魏衍华:《从周公"制礼作乐"看西周礼乐文明的高度与深度》,《唐都学刊》2020年第1期。

夏春:《浅析傅毅〈舞赋〉》,《现代语文》2007年第8期。

徐州博物馆编:《汉风物语:文物背后的故事》,江苏凤凰美术出版社,2017年。

徐州博物馆编:《淮海文博》(第2辑),科学出版社,2020年。

晏波:《古瑟研究——以楚瑟为中心》,华中师范大学2014年硕士学位论文。

杨艳军:《从济源地区出土文物看汉代的烧烤文化》,《济源职业技术学院学报》2018年第3期。

岳南:《越国之殇:广州南越王墓发掘记(修订版)》,商务印书馆,2012年。

张凤:《汉代的炙与炙炉》,《四川文物》2011年第2期。

张朋川:《宇宙图式中的天穹之花——柿蒂纹辨》,《装饰》2002年第12期。

张小雨、曾振宇:《从"制礼作乐"到"删诗正乐"——论周代乐教文明的两次人文化转折》,《海南大学学报(人文社会科学版)》2021年第1期。

周树山:《说说周公的"制礼作乐"》,《书屋》2021年第3期。

周贻谋:《从马王堆汉墓食品竹笥谈起》,《东方食疗与保健》2004年第7期。

朱和平编著:《中国工艺美术史》,湖南大学出版社,2004年。

汉代艺术　重生之梦

鲍丕勇、王任飞:《龟山汉墓两甬道高度仅差5毫米》,《徐州日报》2010年9月17日。

陈钊、杜益华:《徐州博物馆攻略》,白山出版社,2015年。

邓骏捷:《西汉楚元王家族学术文化传统探论》,《烟台大学学报(哲学社会科学版)》2011年第1期。

葛明宇：《狮子山楚王陵出土碧玉棺片应为棺体内饰考》，《江汉考古》2018年第1期。

谷娴子、李银德、丘志力：《徐州狮子山楚王陵出土金缕玉衣和镶玉漆棺的玉料组分特征及产地
　　来源研究》，《文物保护与考古科学》2010年第4期。

金成荣：《浅说金缕玉衣》，《新乡学院学报（社会科学版）》2010年第2期。

李春雷：《江苏徐州狮子山楚王陵出土镶玉漆棺的推理复原研究》，《考古与文物》1999年第1期。

李玲：《玉蝉的分类与时代特征》，《中原文物》1998年第2期。

马永强：《对徐州龟山和狮子山汉墓结构的几点认识》，《华夏考古》2008年第2期。

牛济普：《汉代官印分期例举》，《中原文物》1998年第1期。

牛健：《浅析秦汉丧葬制度体现的等级现象》，《黑龙江史志》2014年第7期。

齐吉祥：《金缕玉衣》，《历史教学》1984年第9期。

谭瑞瑞、李花、韩文祥：《丧葬文化中棺材的发展及意义》，《文学教育》2020年第3期。

王亚民、秦伟：《玉器的故事》（下），故宫出版社，2016年。

邬婷婷：《汉代及其以前出土玉蝉研究》，郑州大学2014年硕士学位论文。

徐州博物馆：《徐州狮子山楚王墓金缕玉衣修复》，《中国文化遗产》2004年第3期。

徐州博物馆编：《汉风物语：文物背后的故事》，江苏凤凰美术出版社，2017年。

徐州博物馆编：《淮海文博》（第2辑），科学出版社，2020年。

许倬云：《说中国：一个不断变化的复杂共同体》，广西师范大学出版社，2015年。

许倬云：《万古江河：中国历史文化的转折与开展》，湖南人民出版社，2017年。

张晶晶：《汉代官印制度考述》，吉林大学2011年硕士学位论文。

郑建明、何元庆：《中国古代的玉蝉》，《江汉考古》2006年第1期。

中国科学院考古研究所技术室：《满城汉墓金缕玉衣的清理和复原》，《考古》1972年第2期。

周林：《龟山汉墓千古之谜》，《今日中国》2000年第9期。

祝海玉：《说文解字中的丧葬文化》，《内蒙古电大学刊》2020年第6期。

徐州藩王　汉代珍宝

《湖北随县曾侯乙墓发掘简报》，《文物》1979年第7期。

曹婷婷：《馆藏汉代货币选介》，《文物鉴定与鉴赏》2020年第5期。

陈亮：《关中西部出土的西周组玉佩及相关问题》，《宝鸡文理学院学报（社会科学版）》2012年
　　第1期。

陈钊、杜益华：《徐州博物馆攻略》，白山出版社，2015年。

崔云:《贵族灵物组玉佩》,《收藏家》2014年第2期。

丁哲:《玉器谷纹的初步研究》,《赤峰学院学报(汉文哲学社会科学版)》2014年第8期。

董亚巍、郭永和:《浅谈中国古代金属货币的制造加工技术》,《江汉考古》2004年第4期。

付强、代玉、李田:《汉代漆器图案装饰艺术分析——以海昏侯墓出土漆器为例》,《大众文艺》
　　2018年第3期。

洪石:《西汉饮酒具研究——以漆器为中心》,《故宫博物院院刊》2021年第1期。

黄锡金:《先秦货币通论》,紫禁城出版社,2001年。

廉海萍、丁忠明、周祥:《汉代铸造铸钱金属范之陶范的分析研究》,《文物保护与考古科学》
　　2012年第24期。

刘志红:《贝币的出现与演变》,《商丘师范学院学报》2005年第6期。

彭信威:《中国货币史》,上海人民出版社,1988年。

史永主编:《走!去博物馆学历史·中国国宝篇》,中信出版社,2020年。

孙机:《周代的组玉佩》,《文物》1998年第4期。

王民、柴黎亚:《汉代五铢钱范》,《中国文物报》2020年第7期。

王乙稀:《浅析西汉时期玉舞人造型与佩戴方式》,《文物鉴定与鉴赏》2019年第15期。

武耕:《西汉楚国"玉舞人"组佩研究》,《中国国家博物馆馆刊》2020年第1期。

夏兰:《汉代漆器纹饰的渊源传承关系和美学思想》,《中国民族博览》2019年第10期。

徐刚:《艺术的魅力——彩漆木雕龙凤纹盖豆和鸳鸯形盒初探》,《艺术家》2020年第1期。

徐州博物馆、南京大学历史学系考古专业:《徐州北洞山西汉楚王墓》,文物出版社,2003年。

徐州博物馆编:《汉风物语:文物背后的故事》,江苏凤凰美术出版社,2017年。

徐州博物馆编:《淮海文博》(第2辑),科学出版社,2020年。

赵倩男:《浅谈五铢钱的演变历史》,《文化学刊》2012年第12期。

徐州重地　兵家必争

常素霞:《试论玉器中的蟠螭纹》,《文物春秋》1992年第2期。

陈钊、杜益华:《徐州博物馆攻略》,白山出版社,2015年。

葛明宇、邱永生、白荣金:《徐州狮子山西汉楚王陵出土铁甲胄的清理与复原研究》,《考古学报》
　　2008年第1期。

郭嘉、杨莎莎:《汉代兵器·兵制与服饰》,河海大学出版社,2016年。

黄曲:《浅论"韘"及"韘形佩"》,《考古与文物》2011年第2期。

蒋来希：《两周至汉代韘及韘形佩研究》，山东大学2016年硕士学位论文。

李国华：《徐州出土四川铸造汉代钢剑》，《四川文物》1988年第4期。

李银德：《中国玉器通史·秦汉卷》，海天出版社，2014年。

李银德主编，徐州博物馆编：《古彭遗珍·徐州博物馆馆藏文物精选》，国家图书馆出版社，2011年。

李银广、郭思瑶、长冈龙作：《弥勒三会思想在敦煌壁画中的表达——浅析第285窟南壁故事画中的"特色"之处》，《华夏考古》2014年第4期。

卢兆荫：《玉振金声：玉器·金银器考古学研究》，科学出版社，2007年。

邱永生、魏鸣、李晓晖、李银德：《徐州北洞山西汉墓发掘简报》，《文物》1988年第2期。

任楷：《"玦"：汉代韘形佩再探》，《艺术理论与艺术史学刊》2019年第1期。

山东省菏泽地区汉墓发掘小组：《巨野红土山西汉墓》，《考古学报》1983年第4期。

石荣传：《两汉韘式玉佩分期研究》，《四川文物》2009年第4期。

孙机：《汉代物质文化资料图说》，上海古籍出版社，2011年。

田敬权：《玉韘的使用及发展问题探究》，《神州》2014年第18期。

田率：《对东汉永寿二年错金钢刀的初步认识》，《中国国家博物馆馆刊》2013年第2期。

王恺：《徐州发现东汉建初二年五十湅钢剑》，《文物》1979年第7期。

王平、李建廷编著：《说文解字》，上海书店出版社，2016年。

徐州博物馆、南京大学历史学系考古专业编著：《徐州北洞山西汉楚王墓》，文物出版社，2003年。

原丰、耿建军、周波：《江苏徐州市翠屏山西汉刘治墓发掘简报》，《考古》2008年第9期。

徐州博物馆编：《汉风物语：文物背后的故事》，江苏凤凰美术出版社，2017年。

许晓东：《韘、韘式佩与扳指》，《故宫博物院院刊》2012年第1期。

杨进萍：《玉器中的螭纹》，《收藏家》2007年第8期。

袁良榕、张恩、涂晓琼：《韘形佩的历史渊源及演变——以海昏侯墓出土龙凤纹韘形佩为例》，《宝石和宝石学杂志》2016年第4期。

赵赟：《徐州狮子山西汉楚王墓出土兵器》，《文物鉴定与鉴赏》2011年第4期。

周苏：《玉韘的发展及变革》，《文物鉴定与鉴赏》2010年第3期。

后 记

　　"大风起兮云飞扬，威加海内兮归故乡，安得猛士兮守四方！"走进徐州博物馆
"大汉气象"的展厅中，映入眼帘的便是这首诗歌。公元前195年初，刘邦在平定英布
之乱后，回到故乡徐州沛县，他召集父老乡亲饮酒作乐，在酒酣耳热之际，击筑而
歌，《大风歌》也由此问世。一曲诗歌不仅唱出了汉王朝的千古风流，也展示了两汉
四百多年的万千气象。

　　想要深入了解一座城市，走进博物馆无疑是一种极好的方式。徐州博物馆里收藏
了大量珍贵文物，其中尤以汉代文物最为丰富。它们默默无声地向我们诉说着古代先
民们曾经在这里居住和生活的故事，见证着古人的劳作、百姓的安康、兵武的豪勇、
王侯的奢华，它们就是徐州历史文化的缩影。

　　2021年，在史永老师带领下，编写团队决定创作以徐州博物馆文物和历史为主题
的书籍，并得到了徐州博物馆、中国文物交流中心、西北工业大学太仓长三角研究院
的大力支持。作为团队中的一员、一位土生土长的徐州人，能参与此书的编写令我感到
极为荣幸，这不仅让我对家乡的历史文化有了更深入的了解，在此过程中，我也对写作
和编辑工作有了更多的体会。

　　在编写过程中，我们也曾遇到了许多困难和挑战。例如，如何挑选出更具历史代

表性的文物，如何将这些文物划分单元，如何将枯燥的历史文献转化为生动的故事，如何将专业术语解释得通俗易懂，等等。为了能更好地向读者介绍徐州这座城市的历史文化，编写团队多次与博物馆内的专家老师进行交流，从一稿到四稿，得到了诸多的专业意见与指导。

在《汉代天下：徐州楚韵》里，编写团队精心挑选了二十件文物，划为五个主题进行深入讲述，用具有代表性的文物"点"展开趣味探索，通过了解文物背后的故事及拓展文物知识点连接成"线"，最终由不同又具有相通性的文物构成整个单元的"面"。讲述内容更是涉及古人的日常生活、艺术美学、丧葬文化以及地域交流等，帮助读者在文物中循着历史的脉络，去感受那些历史的故事，发现不同文明间的关联和融合。

我们希望这本书能够让读者对徐州这座城市有更加全面的认识，也希望能够激发读者对历史文化的兴趣。

这本书的出版只是我们工作的一个阶段性成果。未来，我们将继续努力，创作更多更好的作品。

张 茜